U0067350

西洋上古教育史

滕春興　著

作者簡歷

滕 春 興

學歷 英國倫敦大學教育研究所博士後研究
中國文化大學哲學博士
國立台灣師範大學教育碩士
國立台灣師範大學教育學士

經歷 中、小學教師、校長
師範專校、學院副教授
輔仁大學兼任教授
中國文化大學教授、系主任

現職 中國文化大學教育學系教授

專著 《教育計畫之理論與實際》
《我國教育計畫中建教合作制度之研究》
《孟子之教育哲學思想體系與批判》
《孟子之教育思想》
《教育實習之理論與實務》
《教育哲學與教育改革》

目次

【第一篇】

西洋上古教育史

希臘—羅馬—基督教

導論

西洋教育史的意義

本文名稱：西洋教育史。西洋、教育、教育史的意義，首先需要加以界說。

「西洋」，是指西方而言，為一地理空間的概念。此一概念，隨著歷史的發展而更迭。古代所指的西洋，其範圍僅為地中海及其鄰近地區；至中世紀擴大至整個歐洲。十五世紀以後，由於哥倫布發現新大陸（即今日美洲），西洋的地理概念，乃擴及美洲。就我們中國人的地理觀念：「西方」是指歐美而言。

本文所謂的「西洋」，不僅止於地理空間概念，更以學術文化為著眼點。所謂「西洋」乃代表一種文化體系，所謂西方文化：遠承希臘文化、羅馬文化、基督教文化、日耳曼文化等所形成的文化體系。

本文所謂「西方」，兼指地理空間與文化體系兩個層面。

次言「教育」。教育的意義，因時代之流變、地域之歧異、文化背景之殊別、學者之觀念、主張與理想之不同，對於教育所下之定義亦各異其趣，綜合歸納之，約有下列數端[1]：

㈠模仿之歷程（imitating process），即「上所施下所效也」。

㈡成長與阻止之歷程（growing and retarding process），即

1　滕春興（1987）。孟子教育哲學思想研究。台北：正中。頁 3-5。

「長善而救其所失也」。

㈢改變之歷程（changing process），桑代克（E. L. Thorndike）曾曰：「教育乃對人之一種改變，一方面在引起每個人之變化，同時還要阻止其變化。」

㈣逐漸形成之歷程（becoming process）：認為教育在使受教育者，逐漸朝向理想之境界邁進，與張橫渠所謂之變化氣質相若。曾文正公亦云：「人之氣質，本難變化，惟讀書可變化氣質。」

㈤溝通之歷程（communicating process）：主張教育在給予受教育者以適當之刺激，使其產生一種預期之反應，此刺激與反應相聯，逐漸形成一種適當之觀念，進而形成一種行為。人與人，人與其所處之社會環境，均在於個人能否與其所遇到之情境產生溝通之歷程。

㈥發展之歷程（developing process）：主張教育是一種向上發展之歷程，故曰：「天命之謂性，率性之謂道，修道之謂教。」又曰：「大學之道，在明明德，在親民，在止於至善。」

㈦培養之歷程（cultivating process）：主張教育重培養，有如劉熙載曰：「才出於學，器出於養。」

㈧調適與自我改善之歷程（adjusting and selfreforming process）：認為人之初生，對於周圍環境之適應能力甚弱，須靠父母、兄長之教導與扶助，才能逐漸適應。而且輒逢新環境、新變化，更須靠自我學習，調適自己，以與環境

結合，進而改善環境，以求生存與發展。吾人教育之任務亦即在此。朱子亦謂：「入道之門是將其自身入那道理中去，漸漸相親，與己為一。」

㈨導引之歷程（guiding process）主張教育乃是導引吾人朝向完美境界邁進之歷程。孟子曰：「羿之教人射，必志於彀；學者亦必志於彀。大匠誨人，必以規矩，學者亦必以規矩。」梅葉（F. Mayer）亦謂：「教育乃導引（leading to）人朝向教化（enlightenment）之歷程。」

㈩改善之歷程（improving process）：我國古語有云：「活到老，學到老。」主張吾人之一生，須經由不斷的學習而趨向於善。亦即修身養性，學無止境之謂也。

筆者以為，教育乃人類特有之精神活動。教育因人而產生，其終極目的概以「人」為依歸。「教人成人」是人類恆久不變的教育目的。「教人成人」，必先使人蛻除獸性，發展人性，並從事文化之探求。是故教育應使人節制本能慾求，導引理智，由精神而形成價值，以求真、求善、求美為人生之目的。同時個人得群體之助而發展；群體亦因個人之貢獻而有所增益，兩者互相依存，且共存共榮。

最後談到教育史的意義。

在文化史上，教育與文化的關係至為密切。有學者認為：教育乃文化發展和延續的方法或工具。因為：㈠教育能夠傳遞文化；㈡教育能夠保存文化；㈢教育能夠傳播文化；㈣教育能夠創新文化。

　　另有學者則認為：教育的本身，就是文化。教育史即文化史。一部西洋教育史可以說是一部西洋文化史。易言之「教育對文化」的關係，是「部分對全體」的關係，不僅止於「方法」或「工具」的意義而已。

西洋教育史研究的目的與方法

　　西洋教育史研究的目的：在於了解西洋教育之學理與制度的成就與得失，作為革新我國教育制度的參考。析言之，約有下列三項具體目的：

　　一、奠定教育理論研究的基礎。

　　二、提供教育實際工作的指導。

　　三、培養具有「教育之愛」的教育工作者，從事「誨人不倦」的教育工作，完成「任重道遠」的教育使命。

　　為了達到上述目的，本研究採用「歷史研究法」。

　　歷史研究法的運用，重在系統地蒐集教育史料，經由客觀的分析、比較與批判，以確定過去的歷史事件，進而獲得正確的結論。

　　職是之故，研究西洋教育史的步驟，首在蒐集西洋教育史實，並予以科學的考證，了解其因果關係。再精確地體認與解釋這許多西洋教育史的人、事、物、思想等；以此作為教育理論建構的基礎及教育實施的依據。因此，蒐集西洋教育史料，必須力

求廣博與系統；考證史料必須力求精深與明確；批判史料必須力求嚴謹與客觀；編輯史料必須力求詳實與完整。

西洋教育史研究的內容與分期

壹、西洋教育史研究的內容

　　教育活動，乃整個文化體系的一環，是以和政治、經濟、社會、科學、技術等有互動的關係。教育史研究的對象，是人類的教育活動，因而教育史的敘述，必然牽涉到政治、經濟、社會、科學、技術等文化體系的各方面。雖然我們認為教育史即為文化史（前已述及），但是教育史仍然有其研究的重心。茲臚列於下：

一、西洋學校教育的發展

　　一般而言，學校教育是教育活動中最主要的一個部分。是以有關學校教育的敘述，就成為教育史的主要內容。

二、西洋教育制度的變遷

　　教育制度常受制於政治體制，而成為政治的附從。西洋教育史中，如古代斯巴達的教育制度，近代各國的國民義務教育，都

是政治制度下的產物。其他，由宗教設立的寺院學校、教會學校；職業行會（guild）中的師徒制度，則又是屬於社會制度的範圍。凡此，對於教育制度因政治、社會、宗教的因素產生的變遷，加以敘述，也是教育史的一個重要內容。

三、西洋教育思想的演進與發展

自古以來，每個世代都有偉大的思想家產生，他們引領人類社會走向進步。這些哲學家，往往也是教育家。他們提出哲學觀點也提出教育理念。派別多而分歧；因而教育思想也是千頭萬緒，難以一致。把教育思想派別與發展，加以整理，使之系統化，也成為教育史內容的一個重要部分。

總之：「學校教育的發展」、「教育制度的變遷」與「教育思想演進與發展」的敘述，乃本研究的主要內容。

貳、西洋教育史的分期

人類歷史的演進，教育文化的發展，猶如江河般地源遠流長。在時間的長流裡，本難以用截水斷流的方式畫分界限，唯本文為研究方便起見，仍沿用西洋史學家的畫分法，分為上古教育史、中古教育史、近世教育史及現代教育史四個時期。茲分別簡述於下。

一、西洋上古教育史

自西元前第六、第七世紀始，時希臘城邦興起，逐漸取代了舊有的部落社會型態；一直到西羅馬帝國滅亡（西元四七六年），第五世紀為止。

這一時期是西洋文化創業的時代。希臘的審美教育與羅馬的實用教育，是上古教育史的主要內容。

二、西洋中古教育史

從西元四七六年西羅馬帝國滅亡，到西元一四五三年東羅馬帝國瓦解。習慣上就以西元五○○年至一五○○年，這一千年的歷史階段為「中世紀」。

西洋中古教育史為中世紀的基督教教育、封建時代的世俗教育、武士教育與近世大學的建立，做詳盡的詮釋。

三、西洋近世教育史

大約從十五世紀起至十九世紀為止。這一時期的西洋，追求個人自由，推崇理性發展，由文化的再生而漸至昌明的時代。在南歐發起文藝復興運動；在北歐掀起宗教改革的怒潮。其後更產生啟蒙運動，使人類精神文明與科學研究益趨成熟與進步。

及至十八世紀中葉，歐洲社會的轉變愈來愈大。在政治方面，由君主專制走向民主政治；在經濟方面，以機器代替手工，引發工業革命，形成了資本主義社會；在學術方面，強調科學實

證，反對權威，不再為傳統所限制；在社會方面，由於工業革命和科技的進步，形成社會貧富懸殊的現象，社會主義學說盛行；在各民族方面，由於民族自由、獨立的要求，形成民族國家意識。

這一時期的西歐，政治、經濟、社會、學術與國家體制有了巨大變革；教育制度必須做充分的調整。是以唯實主義、訓練主義、自然主義等教育學說紛紛出籠。推展國民教育、教育制度國家化、教育行政系統化及師資培育機構之設置等，也逐一被提倡、實施。

四、西洋現代教育史

為二十世紀迄今的當代教育。現代科技文明突飛猛進，大量生產、大量消費，人類生活因而產生劇烈的變動。科技文明的卓越成就，雖然給人類帶來新文明，卻也給人類帶來新問題。今日人類享受到科技帶來的豐裕物質生活；卻也遭遇到由此而生的精神生活之困境。是以新世紀的人類必須建立新的價值觀與人生態度，來挽救人類在精神上的孤寂感、疏離感與虛無感；及改進現代社會的功利化、機械化、形式化的弊病。因此，二十世紀以降，西洋教育思想林立，諸如：新個人主義、新理想主義、新實在主義、文化主義、實驗主義、重建主義、民主主義和未來主義等，都提出其教育觀點，展望其教育遠景。

參考書目

一、中文部分

1. 王克仁（1984）。西洋教育史。台北：台灣中華。

2. 王連生（1990）。新西洋教育史。台北：南宏。

3. 田培林（1953）。教育史。台北：正中。

4. 林玉体（1980）。西洋教育史。台北：文景。

5. 徐宗林（1991）。西洋教育史。台北：五南。

6. 楊亮功譯（1965）。西洋教育史。台北：協志工業。

7. 劉伯驥（1964）。西洋教育史。台北：中華。

二、英文部分

1. Cubberley, Ellowrd P. (1920). *The History of Education*. Boston: Houghton Mifflin.

2. Monroe, Paul (1917). *A Text-Book in the History of Education*. New York: Macmillan.

西洋上古教育史

希臘—羅馬—基督教

第一章

古希臘時代的教育

教育文化背景分析

壹、自然環境

古代的希臘（Greece）是一個小國家。位於歐洲南端巴爾幹半島，瀕臨愛琴海。境內崎嶇多山，沿海港灣深邃。整個希臘境內，沒有一個地點距離海岸超過四十哩以上的。

境內有海灣、平原、高山，風景優美。農、漁、牧業發達，加上溫和而宜人的氣候，短暫而不寒的冬季，晴朗而漫長的夏季，為古希臘的文明發展，提供了先天優良的條件。

貳、民族特性

西元前一千年，已有人在希臘南部殖民，西元前九百到八百年間，阿提加及希臘北部一部分土地業已開拓，西元前六百五十年，希臘殖民事業已延伸到地中海地區的很多地方。

希臘半島的南方地帶〔即一般所謂拉孔尼（Laconia）〕是由希臘民族的一支——多利安（Dorian）人所拓殖，這一支族人的特性：務求實際，體魄健全，孔武有力，但缺乏推想能力。斯巴達（Sparta）是他們最重要的首府。北方便是希臘民族的另一支

——愛奧尼亞人（Ionic），這一支族人多才多藝，富有高度的想像能力，他們以雅典（Athens）為首府。在開拓拉孔尼時期，斯巴達人用武力統治了當地原有的土著，並奴役他們，在希臘南部建立了一個軍事統治王朝；另一方面，阿提加人與原來早先在阿提加平原（Attica Plain），也建立了一個王朝，這些比較進步的阿提加人，發展了民主政治。阿提加人是多種民族混合的結果，有學者認為這種結果是他們在智慧及才能方面有較高成就的原因。

阿提加人富於想像、能夠創造、多才多藝、有適應性、求進取，具有天賦而罕見的智慧，對藝術及自然之美，有敏銳的感受，對所有的事務，具有驚人的協調能力。尤其在藝術、哲學、文學及科學上有驚人的成就。

參、城邦政治

在政治方面，希臘是由一些小而獨立的城邦組成。希臘一般城邦的大小，大約平均是七百餘平方哩——阿提加就是這般大小，農田與草原，環繞著一個中心城鎮，連同濱海地區，便構成了一個城邦。希臘本土有二十多個城邦，最重要的有阿提加（首府為雅典）、拉孔尼（首府為斯巴達 ）、波希亞（Boetia）〔首府底比斯（Thebes）〕等。有一些城邦發展了民主政治的型態；但是有一些城邦，卻是施行寡頭政治。在所有的城邦中，有少數的幾個城邦，在希臘歷史上嶄露頭角，這幾個少數的城邦中，阿

提加很明顯的在思想及藝術上，位於領導的地位，同時也擁有一個最進步的政府。

希臘的城邦像現在的國家一樣，都是獨立的，希臘人一方面認為，所有希臘人是一種單純民族分別組成的部落，傳自同一祖先——海倫（Hellen），說同一語言，信同一宗教，傾向於團結一致；但各個城邦卻又據有自己的宗派源流，有狹義的政治情操與個別不同的法律。

當有重大危險的時候，例如在波斯入侵時期（西元前四九二至四七九年），各城邦就會聯合起來，結合成防禦聯盟。但時過境遷，卻又自相攻伐。在不同的時期，雅典、斯巴達、底比斯各城邦曾分別承擔過希臘的領導地位，並力圖團結其他小邦，企圖建立起大一統的希臘。但由於各城邦互相仇視，以及人民的極度自私；再加上每一城邦都是孤立的，山區隘道交通阻塞，在在都是統一之困難所在。缺乏合作統一的意識與能力，是希臘人民致命的弱點。

肆、社會組織

希臘在政治上是由統治階級的統治而構建起來的，是故，不是所有的希臘人皆能成為城邦中的公民。公民權要靠著出生及適當的教育才能賦予。西元前五〇九年，很少有外地人在城邦中被承認有種種權力的。只有男性的希臘公民，才能從事公務，在法庭上為自己辯護，擁有自己的土地，或參加公共會議。也只有公

民才能參加宗教慶典和宗教儀式。因此之故，家庭、宗教及公民權利都是連在一起的，教育主要的任務是為了訓練公民，以及在宗教上的目的而已。

尤有進者，在早期，任何地方只有接受適當的教育及初步政治訓練以後，才能獲得公民的地位，這不僅使某種形式的教育為必須之事，同時，教育的利益也只限制給予身分特殊的男性青年而已。

希臘各城邦中，幾乎只有阿提加一地，對外地出生者採取自由放任的態度，而斯巴達以及其他城邦，均用懷疑的眼光對待外地人。希臘堅決地拒絕與外地人融合。希臘人認為自己是高等人民，是神的後裔，他們自視甚高，而與其他人民分開，以為這樣可以使他們的血統保持純潔，這是希臘人生活上的一項嚴重的缺點。

比公民及外地居民低階的，便是基層做工的奴隸群。奴隸們提供了各種各樣下賤的勞役工作。希臘奴隸的職業，有水手、家庭僕役、田間農人、商店及辦公室書記、記帳員及教僕等。這些奴隸中，有許多是其他城邦或國家的公民，由於戰爭失敗做了俘虜，便成為奴隸。斯巴達等城邦的奴隸，事實上只是農奴，隨著土地之出售而轉移，並沒有享受到絲毫的公民權。

在那個時代，教育只是為了使男童成為公民而設，只有以教育及訓練為基礎才能獲得公民資格。

斯巴達城邦的教育

斯巴達所採取的軍國主義訓練方式，一方面反映出其人民的特性，一方面也是地理位置使然。斯巴達人的家鄉──拉孔尼──為群山環繞的一塊平原，就人口比例來說，斯巴達人只占著很少的百分比。斯巴達人用軍事力量征服了境內的其他人民，因此，奴隸問題當然是斯巴達人的棘手問題之一，斯巴達的教育，便須採取軍國主義，才能夠有所作為。斯巴達人為安全預作準備，於是對孔武有力、勇敢、忍耐、機敏伶俐、愛國心、服從心等等，便給予最高的評價。而在另一方面，卻忽視了仁愛、溫和、藝術和創造。亞里斯多德曾說：「斯巴達人準備戰爭，訓練作戰，一旦在和平時期，卻像寶劍在鞘中生鏽般地無用武之地了。」[1]

斯巴達人的孩子降生之後，須經年長者組成的長老議會（Council of Elders）予以檢查。如果認為這個降生的嬰兒不足取，便丟棄於荒山之中，任其死亡。倘允許保留，則由其母親負責養育到七歲（女孩子養育的時間較長），男子從八歲開始直到十八歲，必須住在公家的營房中，施以體格上的操練和斯巴達式的道德陶冶。食品粗糲，床鋪堅硬，年齡較長的人都是年輕人的

1　參考 E. P. Cubberley, *The History of Education,* Chap I. 楊亮功譯
　　（1965）。西洋教育史（上冊）。台北：協志工業。第一章。

教師。跑、跳、拳擊、角力、軍樂、軍操、球技、使用矛戟、作戰、偷竊，拉孔尼的語言、儀態等，為其全部課程。從十八歲到二十歲是作戰專業訓練，青年人常常要遭到公開的鞭笞，以發展其勇氣及忍耐力。其後十年——即直到三十歲為止——要到邊疆去服兵役。三十歲時便成為一個完全的公民；雖然仍須住在公家營舍，以訓練其他學童而竭盡其精力，但要強迫結婚。婦女及少女皆施以體育訓練，使其壯健，以便生養壯健的後代。至於智能上的訓練，主要的要背熟里克爾格斯法律（Laws of Lycurgus），學習一些選自荷馬史詩的篇章，並傾聽長者的教誨。

斯巴達對於藝術、文學、科學、哲學、政治方面沒有貢獻，它所遺留給後世的只有一些光輝燦爛的英雄事蹟。

總之，斯巴達的教育制度是要訓練一切自由的國民成為戰士，其特點為：

一、嚴格地限制天性的希求、慾望及情感

自幼年起，斯巴達的兒童便施以艱苦服從的訓練。一切活動中，都是教青年把失敗的恥辱看得比死亡還嚴重。

二、個人服從於國家

一個嬰孩是否任其長大的問題，不能聽其父母決定，而是要聽國家的長者決定。婚姻是在國家嚴厲制度之下。男孩到七歲的時候，便不由父母管教，而是要加入一種隊伍，住在國家所設置的軍營裡。甚至到達壯年的時候，還是保持軍事的訓練。

三、斯巴達整個城邦好像一個大軍營

「個人都不以自己之生存於世為主，而是為他的國家而生存。」認為一個人最大的光榮，便是能在前線打勝仗。

四、自由國民和奴隸階級的嚴格畫分

自由國民以戰爭為職務，而凡關於農工的事物，則都委之於一般奴隸。斯巴達人常態生活乃是戰爭和劫掠，所以一般軍人都鄙視生產者。

第三節
雅典城邦的教育

雅典是西元前八世紀左右建立的古希臘奴隸制城邦之一。位於阿提加半島，全境多山，有優良港灣。西元前四八○年以後，雅典成為希臘的政治、文化中心，各種學術思想在雅典爭奇鬥妍，演說和辯論時有所見，在這種氣氛之下，各種學術從閉塞的圍牆裡跳出來，來到更廣闊的天地裡。

雅典是一個強調民主的自由城邦，這點和同為城邦的斯巴達（專制政體）完全不同，在立法者貝爾克里斯的國殤演說中，強調民主及自由，人人有發言的權利，能力傑出者可為城邦服務，在公共的集合處更可公開發言及討論政事、自己的思想、學術理念，不僅醞釀了詭辯學派，更產生了偉大的希臘三哲。

至於教育的實施狀況茲敘述如下[2]：

壹、幼兒時期（出生到七歲）

雅典與斯巴達一樣，嬰兒出生以後須加以檢查，只是雅典是由嬰兒的父親檢查；而不是由長老議會檢查。父親有權決定是「曝之於野」；抑或是「保留養育」。家庭承認並接受此一嬰兒，須經過三重儀式：嬰兒落地後五天，由褓母抱持，全家隨後，列隊繞家中爐火而行，隨後舉行宴會。這種儀式目的，在將此一嬰兒永久置於家神庇護之下。在第十天時，嬰兒由其父親命名，自該時起，正式承認此嬰兒為其所有，並自認有教養之責。第三重儀式在秋季家族祭祀日舉行，所有族中在一年內誕生的嬰兒，均抱來展列在父系族中的男子面前，經由投票決定，此一男嬰或女嬰，是否為雅典父母的嫡出及合法子女。如經核准，則此嬰兒之名字即註冊於族中，有公民權並得繼承其父母財產。

七歲以前，男孩、女孩在褓母或母親養育下，　起在家中生活。從頭一天開始，即訓練其良好之行為及自我節制。七歲以後，男孩與女孩，因教育之故，即行分開。女孩在家中，由母親施以家事訓練。而男孩則到不同的老師處接受教育。很多女孩子，可以自母親或褓母處學會讀書、寫字。家道殷實公民的女孩子，更學會紡織、縫紉、刺繡及音樂。

2　同註1。

貳、青年時期（八到十八歲）

　　希臘兒童要到文字老師處學習念書、寫字以及算數；要到音樂老師處學習音樂及文學──音樂老師也間或教授啟蒙的讀書和寫字；最後，還要到體育學校接受體育訓練的課程。

一、文字學校

　　首先，學童用堅硬的筆，在蠟板上刻畫著描摹寫字，然後，再在自己膝上，用蠟板練習寫字。之後，學童便用墨水在紙莎草（papyrus）或羊皮紙（parchment）上書寫，古代羊皮紙價格昂貴，故很少採用。

　　算術的需要甚少，所以教得也少，希臘人只用手指或記數板來做他們簡單的記數工作。

二、啟蒙教育

　　學童在學習讀書後，為了能有優美的朗讀音調，便要注意發音和音節。在發音和朗讀時，段落要畫分出來。學校裡是沒有課本的，老師朗讀時，學生便記錄下來，有時學童們也常用心記法來記住老師的朗讀。學生們用墨水及羊皮紙，自己製作成書，荷馬史詩是希臘第一本偉大的讀本，《伊里亞特》（Iliad）及《奧德賽》（Odyssey）更是希臘人民的聖經，再下來便要念郝西亞得（Hesiad）、希奧格力斯（Theognis）等希臘詩人的作品及《伊索

寓言》。朗讀、背誦、演說及音樂都是息息相關的，希臘人（尤其是雅典人）要求要念得好、背得好、唱得好。如果一個青年不能把這三樣事情做好，那麼他們將被人視之為不學無術。

三、音樂學校

演變到後期，音樂學校的教師，漸漸地與文字教師分開。音樂教師是由早期的流浪詩人或優伶蛻變而來。在所有希臘的城邦中，音樂教師是非常普遍的，對於這些音樂教師，學童們首先要到他的面前背出教師所教的詩章，十三歲以後才上音樂特別課程，這些音樂教師通稱「琴師」，通常使用的樂器是七弦琴，也偶用管樂器。韻律、旋律、節拍為音樂中重要的課程，其任務在慰藉、洗刷並調和人們的心靈，經由與音樂有密切關係的詩章，而使人的行為能符合於道德教條。

音樂學校首先教的是樂器之使用，並學習宗教歌曲。學生學會使用樂器之後，老師便教他演奏希臘偉大詩人的作品。詩與音樂便這樣混合成一種單　的藝術。十三歲時，開始學習音樂特別課程，直到十六歲時為止，這一段課程，只有家道殷實的公民的兒子才能參加，雖然每一個學音樂的孩子不一定成為音樂家，但他畢竟有了音樂素養，在社交場合總能夠演奏表演，也能夠參加城邦中的宗教儀式。至於職業性的演奏，是由奴隸或外地人擔任的，自由人及公民是不屑為之的。

四、體育學校

雅典城邦每一個學童的學校生活，從八歲到十六歲，有一半的時間要消耗在「體育學校」（palaestra）的競技與遊戲上。起初只是逐漸學習，十五歲以後，體育就要比別的功課優先。就道德目的和身心和諧發展看，體育與音樂是有其重要性的。各項競賽的目的，不僅僅在表現力量和體育上的豪勇，而更在表現體育精神的風度與高尚。

學生們的競技，自賽跑及各項球類。其課程依序排列為：

㈠跳，躍：為肺部及身體一般性發展而設。

㈡賽跑：訓練敏捷及忍耐。

㈢擲鐵餅：鍛鍊腕力。

㈣擲標槍：鍛鍊身體平衡及運動協調，以備日後狩獵之用。

㈤拳擊及摔角：訓練靈敏、快速、忍耐及情緒上的控制。

另外尚有游泳及舞蹈。舞蹈則是身體以慢動作而優美地隨著音樂擺動，逐漸培養出優美的動作，訓練人們的身心。

至於練習方面，可整班或分成小組練習，在曠野或沙灘上舉行。

五、體育專門學校（十六到十八歲）

這一階段的學生，教育工作則是其個人及家庭的事。不管在家庭或在學校，此時的學生已被訓練為希臘型的紳士：尊敬神明、有道德、行為正直。但要想成為一個完全的公民，以從事公

務的話，仍得進修到二十歲。有兩年在學校——大部分時間在體育訓練上；另兩年則服兵役。

參、見習公民（十八到二十歲）

到了十八歲，孩子的父親把他帶到城邦政府，授以見習公民之權。這名青年如果在品德上、體魄上是完美的，如果他的紀錄上是公民的合法兒子，他就能夠在當地的政府註冊，成為未來公民。這時便要把長髮剪去，授以公民所穿的黑色長袍一襲。在一次公開的典禮中，與一些另外的青年一起，公開授以一矛一盾，以作武器。然後出發到城市的神龕前面，莊嚴地舉行公民誓禮（Ephebic），宣稱下面誓詞[3]：

「我絕不辜負這神聖的武器，我絕不逃亡——不管是單獨的或集體的，我都要為宗廟及公共財產而戰鬥；我要把我的祖國傳給後代，絕不使它比傳給我的人更小——反而要使它更大更好；我要服從隨時就職的民政官；我要服從現行的法律以及今後全體人民所制定的法律，假如有人要廢棄它，我不管是單獨的或是集體的，都要維護它；我要使我祖先們所崇奉的宗教發揚光大；我要請求諸神做我的見證。」（諸神是 Aglauros, Englios, Ausgeus, Thallo, Auxo, Hegemone）

經由以上的儀式，這名青年現在已成為見習公民（citizen-ca-

3　同註 1。

det），再經以後兩年的嚴格訓練，即可完全地擔任公民職責。頭一年，他要在雅典的附近度過，練習當兵。在任何地方，他都要像正規軍一樣——操練、在曠野露營、學習軍事方法及軍隊紀律、參加檢閱及宗教儀式。頭一年很像在營的新兵，像一個真正的士兵一樣從事工作。在年終時，要舉行一次公開的操練及檢閱，以後便要奔赴前線。此時他要對於國家做一次全盤性的了解：了解地形、道路、海岸，以及山隘道路等。他也要協助政府，在全國來執行法令，做一個城邦的或一個鄉村的警察。在實際訓練的第二年年底，舉行第二次測驗，以後便被確認為是完全的公民。

第四節
古希臘後期的教育

馬拉松之戰（Battle of Marathon，西元前四九○年）公認是世界上一次「決定性的戰爭」。自此以後半個世紀中，世界上史無前例的政治、文學、藝術等方面，驚人之發展接踵而至，希臘文明到達巔峰狀態。

從西元前四七九到四三一年這一段時間，是希臘的黃金時代，在這短短的五十年中，雅典所產生的偉人——詩人、藝術家、政治家及哲學家——數目之多，令人嘆為觀止。但由於軍事強權的斯巴達，懷有日益高漲的嫉妒之心，帶來了一場殘酷的內戰——伯羅奔尼撒之戰（Battle of Peloponnesia，西元前四三一

年）。這場戰爭使希臘瘡痍滿目，雅典城面目全非，希臘乃一蹶不振。

伯羅奔尼撒戰爭之後，阿提加在希臘城邦中占了優勢，商業發達，與各地交通頻繁，雅典公民到海外各地旅行，很多外國人也到雅典來。此時有閒階級興起，公民對國家責任觀念有了改變，個人的興趣達到比以前更廣闊的境地。以宗教為基礎的道德，被以理性為基礎的道德所取代。至於哲學方面，此時在求取人生實際的引導，推翻以前以宗教為基礎的哲學。新的哲學——「以人來衡量萬事萬物的哲學」興起，新哲學的導師們，吸引了大批的信徒，關於解釋世界的舊有的探討也被新觀念取代，結果形成了哲學、倫理學及論理學的進化。這真是智慧上、政治上變動及擴展的一個偉大的時代。其結果是：發現原先的舊有教育，已不足應付新的需要。

舊教育在此一時期，本質上逐漸地起了若干變革，早期的嚴格訓練，已為較愉快而安適的訓練所取代；以娛樂個人為中心的體育活動，代替為國家服兵役而做的訓練；體育課程的嚴格性，大大的降低；在教育青年工作上，曾有過遠大貢獻的老作家們，開始被新興作家所代替。聲調比七弦琴更柔和、效果比七弦琴更愉悅的新樂器，代替了舊的七弦琴，和音代替早期單純的希臘多立斯式（Doric）的音調，教育格外地趨向個人化、文學化、理論化。課程方面新添了幾何及繪畫，文法、修辭、口若懸河的辯才也被賦予甚高的評價。以前，十六歲到二十歲是從事嚴峻的體格訓練的年代，而現在卻從事心智方面的訓練。

壹、新派教師──詭辯家

公然承認足以訓練青年從事政治生活的新派教師──詭辯家，開始向青年們傳授比較實際性的、為國家服務的課程，此一時期，他們招收了許多剛成為見習公民的青年，到傳授實用希臘語為主的私立學校來。在這新興時代，文法及修辭久已被認為是主科，因為文法修辭對青年來講，比舊有的訓練更能促使從事於希臘的政治生活及學術生活。詭辯家當中，有許多人殫精竭慮地從事教育事業，並且對於古老的教育加以批判，只在這一百年中，他們便建立起自己的教育系統，徹底改變了希臘教育的本質。

在西元前三五○年，希臘的學校教育，已經分成下列三個階段[4]：

一、初級教育：從七、八歲到十三歲，課程包括讀書、寫字、算術、唱歌。

二、中級教育：十三歲到十六歲，課程有幾何、畫圖、音樂、文法及修辭。

三、高等（大學）教育：十六歲以後。

伯羅奔尼撒之戰以後，希臘在藝術及知識方面光芒萬丈；但在此時期，政治上卻開始走向沒落之途。這一戰，對希臘的國力

4　Cubberley, Ellword P. (1920). *The History of Education*. Boston: Houghton Mifflin. Chap Ⅱ.

來講，是一記重大的打擊。古老公民的理想消逝得無影無蹤，對國家的服務已屈從於個人享樂，粗俗無文及冷嘲熱諷成為時勢所趨，家庭道德衰敗，民族腐化麻木，最後，西元前三三八年馬其頓（Macedonia）的菲力浦（Philip）崛起，成為希臘的主人，把希臘併入他父子（子亞歷山大）所締造的世界帝國之內。西元前一四六年，西方的新興強權──羅馬，征服了希臘，把希臘變成羅馬的一個行省。

在政治上，希臘雖然宣告終結，但卻產生出一種不平凡的奇蹟，那就是「被統治的希臘卻統治了不學無術的征服者」，把希臘的藝術、文學、哲學、科學以及希臘的理想，擴張到整個地中海區域，希臘高度的學術取得絕對的優勢，對世界文明的未來，發生了絕大的影響。

貳、新學派──蘇格拉底

開始時，每一位詭辯學派的老師，都是一位自由的槍手，採用他認為是最好的方式來施教。他們之中，有很多人千方百計招納門徒，獲致一般人的稱讚，為收取束脩而工作。在起初，教學大半仍是個別方式，稍後就採取分班制，愛梭格拉底（Isocrates）（西元前四三六至三三八年）最先採取分班教學，每班授以一定課程。他改變過分重視在詭辯上爭勝的教育方式，而訓練學生要思慮明澈，把思慮的結果適當地表達出來，他的學生們都有非凡的成就，而他的學派也替這智識的中心（雅典）增加不少令譽。

從他所做的工作中，產生了為數甚多的「修辭學校」（Phetorical School），這些修辭學校，與私立學校及學園很類似，使這些年輕的公民，對參加那一時代的公共生活事務，做了一番準備工作。

與詭辯家相對的一些哲學宗派，也在雅典興起，這些哲學宗派，都是蘇格拉底學說的成果，蘇格拉底承認詭辯學派的金科玉律「以人來衡量萬事萬物」，但是他更進一步把在詭辯學派的個人主義薰陶下的青年，引導著走向較大範圍的人生真理之路，以此真理，來衡量一個真正的人的生活。他尤其昭示藝術中的最高境界——良好生活的藝術，以探求真正的個人思想以及正確的知識。他偉大的至理名言便是：「了解你自己」。他所重視的是日常道德上的各種問題。他在街頭與偶遇的人做辯論，從而施展教育。像這樣一位機敏問難之士，當然樹立了很多的敵人，在西元前三九九年，七十一歲的蘇格拉底，被控以不敬神及腐化雅典青年之罪，而為雅典暴民處死[5]。

蘇格拉底最偉大的門徒為家道殷實的公民——柏拉圖。柏拉圖因醉心哲學而放棄政治生涯，西元前三八六年創設「書院」（academy），他的書院已成為其他書院的模範，書院中有一群教授，有公用的禮拜堂、圖書館、講壇以及起居室等，所教授的課程有哲學、數學、科學，並且招收女弟子。

雅典其他重要的學校尚有[6]：

5　同註4。

6　同註4。

一、利希姆學校（Lyceum）：柏拉圖的弟子亞里斯多德在西元前三三五年創立。

二、斯多噶書院（Stoic）：創辦人芝納（Zeno），西元前三〇八年創立。

三、伊壁鳩魯書院（Epicurean）：創辦人伊壁鳩魯，西元前三〇六年創立。

上述每一學校，對人生問題都提供了哲學上的解釋，柏拉圖與亞里斯多德，更在教育方面寫了若干論文，使其學派永垂不朽。

參、雅典的大學

殆至西元前三三八年馬其頓統治後，雅典城邦不復存在，由於雅典在政治上喪失了權力，雅典的公民也就把注意力放在：如何使其城市變成世界學術中心的課題上。這件工作，到西元前二百年可說大致完成。雖然希臘變成馬其頓的一個行省，其後又置於羅馬帝國統治之下，但所謂「雅典大學」卻是蜚聲遐邇，以後的三百年更是歷久不衰，一直維持到西元五二九年時，皈依基督教的羅馬大帝──查士丁尼（Justinianian）下了一道詔論，說雅典大學是異教思想的中心，把雅典大學關閉。

肆、希臘高等教育的擴展及影響

馬其頓的亞歷山大大帝（Alexander the Great），把東方的西部與地中海區域融合為一大帝國。在這一帝國內，他統一了語言、文學、哲學，以及共同的科學知識和法律。他希望締造一個消弭歐亞界限的新興帝國，為了使帝國融合為一，他建造了七十多個城市，用來傳播希臘文化。這七十多個城市中，每一個城市都有各種各式的希臘學校、希臘戲院、希臘浴室、希臘文教組織。而希臘的語言，在任何城市中隨處都可聽見。希臘的生活、文化、學術與亞歷山大大帝的名字一樣與世界古代史不可分割。在整個的新興國境內，希臘的哲學家、科學家、建築家、藝術家、商人及殖民者，追隨在馬其頓軍隊之後，到處傳布著希臘文明，他們都變成帝國領域內的教師。

在小亞細亞的布格門城（Pergamum）及塔撒斯城（Tarsus），愛琴海中的羅德島（Rhode Island），以及埃及新建的城市亞歷山大港（Alexandria），都設立了希臘式的大學，敘利亞的安蒂亞芝（Antioch）城，也變成希臘化文物的另一重要中心。布格門城建造了一所大的圖書館，格倫（Galen）在布格門城編輯了醫學書籍，他的作品兩千多年來一直是醫藥界權威之論。羅德島變成演說術傳授的中心，在羅馬時代，羅德島人才輩出，像凱塞斯（Cassius）、凱撒、西塞羅都曾在羅德島學習過演說術[7]。

7　同註4。

希臘式的文物中心當中，最負盛譽的，莫過於亞歷山大港大學，它逐漸地吸取雅典文物精華，而變成世界智識首府，當時最大的圖書館即在亞城，據說庋藏手稿達七十萬卷之多，這些手稿包括希臘、猶太、埃及及東方的作品。與圖書館有關的便是博物館，博物館中的學人以及研究人員，都是由皇家經費供養，圖書館、博物館的構成，類似一所大學。亞歷山大港不僅僅是偉大的文物中心，希臘、猶太、埃及、羅馬以及東方文物都在這裡集合發生融會貫通作用，希臘的哲學、希伯來宗教及基督教、東方的信仰及哲學在這裡相遇而融合，這是一種混合性的文明和文化，所有的一切與希臘漸漸地水乳交融。隨著羅馬征服軍的推進，這種融合文明，深入到東地中海地區。

　　亞歷山大港在智識方面偉大的成就是在數學、地理和科學，亞里斯多德在雅典用於科學探討上的方法，也被介紹到亞歷山大港來。早期希臘所採用，對於現象及原理的推想，摒而不用，代之而起的是觀察和實驗。

　　西元三十年，亞歷山人港也歸入羅馬的統治之下，亞城精華日漸為羅馬吸收，希臘所發生的影響，在亞城自然繼續下去，但大部分卻偏重到哲學方面去，終究亞城變成基督教理論的形而上學的學派，成為尖銳的宗教衝突之所。希臘的科學、文學、哲學在亞城保存了十個世紀，終於又交還給甫從中世紀黑暗時代甦醒過來的歐洲。西元六四〇年，亞歷山大港城為回教徒所奪取，大學也就不復存在，圖書館被毀無遺，據說，光以被焚之書卷就足夠「四千所浴室六個月的燃料之用」，希臘學術在西方世界中雲

散煙消[8]。

伍、結論

就教育本身而言，古老的雅典人留給我們很多重要的示範，時至今日，我們依然應加以重視。雅典人把教育的重心放在道德價值、體格教育及知識教育上。雅典的學校，為整個地中海世界各大城市的典型，所謂地中海世界，是自黑海開始，南至波斯灣，西到西班牙南部地方。當羅馬變成世界帝國時，就採取了希臘式的學校，加以修正以後，在羅馬以及各行省推行。希臘的影響便擴張到整個地中海區域。

第五節
古希臘時代的教育思想家

壹、蘇格拉底（Socrates，西元前四六九至三九九年）[9]

一、出生背景

西元前四世紀的希臘半島，是城邦（City-States）紛立的時

8　同註4。
9　本文係由孫惠珊、吳昭慧、吳冠瑤整理而成。

代，其中較為強大的是雅典以及斯巴達，當時，如果沒有外敵的入侵，各城邦之間的紛爭是持續不斷的，因為，他們只有在面對外患時才會團結起來，共同打擊外侮。而蘇格拉底就是在這樣的時代中出生。他出生的時候，雅典正與波斯作戰，且掌握了提洛同盟的領導權。

另外，值得一提的是，當時的雅典因為商業發達之故，而成為地中海的學術中心，因此，雅典無形中變成了人才匯集的思想交換所。蘇格拉底就是在這樣的環境中培育出對於學術的濃厚興趣。

二、生平

西元前四六九年蘇格拉底出生於雅典城邦的愛羅配格（Alopece）市區，他的父親索福羅尼斯克斯（Sophroniscus）是一名雕刻家，母親菲安娜蕾蒂（Phaenarete）則是一位助產士。因此，少年時期他也曾學習雕刻並抱著繼承父業的理想，但是，在聽過辯士學派的學說之後，蘇格拉底便決定開始研究哲學。

根據威爾・都蘭所著作的《西洋哲學史話》（*The Story of Philosophy*）所記載，蘇格拉底有著光禿禿的頭、大大的圓臉、深陷的眼眶、寬闊而朝天的鼻子，長相甚是醜陋。而他的妻子燦蒂柏（Xanthippe），則是一名悍婦，夫妻的感情並不和睦。在妻子的眼光中，蘇格拉底是一個游手好閒、無所事事的人，是一個只會帶回麻煩而不帶回麵包的懶蟲。不過，他們夫妻的感情並不如想像的那樣壞，平時雖不免常有不滿，但是，一到緊要關頭，夫

妻的真情便會自然地流露出來。當蘇格拉底被判死刑的消息傳到他妻子的耳朵裡，燦蒂柏便痛哭不已，淚流滿面。但是，在這個時候，蘇格拉底仍然很輕鬆地對他的弟子們說：「你們勸她回家吧！我一生最怕見女人流眼淚了。」她的妻子哭著說：「蘇格拉底，你是冤枉的呀！你不能無罪而死啊！」他卻回答說：「我無罪而死，死得很光明磊落啊！難道要我有罪而死嗎？」

由此，我們知道蘇格拉底是天生的幽默大師，無論在什麼時候，他都能保持輕鬆愉快的心情。當他面臨死亡的一剎那，他的弟子們都痛哭失聲，他仍然是妙語如珠，沖淡了不少的悲哀氣氛。他死前的最後一句話，是對克雷多（Crito）說的：「克雷多，我還欠阿克勤比斯（Asclepius）一隻雄雞，請別忘記還給他。」

蘇格拉底是在十七歲（西元前四五二年）的時候，開始追隨安那撒哥拉斯（Anaxagoras）的學生阿爾克勞斯（Archelaus），但是，他一直到二十四歲時才成為阿爾克勞斯的正式學生。

西元前四三一年，伯羅奔尼撒戰爭開始，蘇格拉底也加入了這場長達二十七年的戰役，並被編入了重裝步兵。由於戰爭的動亂使得希臘世界發生了極大的混亂，人性開始墮落、行為準則改變……等。這也使得蘇格拉底將討論的主題集中在道德倫理的問題上。

西元前四二三年阿里斯多芬尼斯（Aristophanes）以蘇格拉底為主題而撰寫了戲劇「雲」，在雅典城上映。他在該劇中嘲笑蘇格拉底，並對他提出質疑。該劇之所以命名為「雲」，正是因為

他認為，蘇格拉底只是站在雲端吞雲吐霧，說一些巧言迷惑他人罷了！這也加深了雅典人對於蘇格拉底的誤解。

西元前三九九年蘇格拉底的生命畫下了休止符。他因為被民主派的領袖安尼特、辯論家李康、詩人美雷特斯三人控訴「敗壞青年德行」、「不信奉城邦所相信的神祇，而引進其他的神靈」及「行為不當」而接受審判。由五百個陪審團來投票，以二百八十票對二百二十票被宣判了死刑。該年二月或三月飲鴆而死，享年七十歲。

三、著作

蘇格拉底本人並未留下任何有關自己行為與思想的紀錄。他沒有這樣做，是由於當時社會風氣所影響，在偉大的伯里克里斯時代，大部分的雅典人是不寫書的，因為那不是一個文學的世界，而是一個悲劇的天下。

所以，我們之所以能夠對他有所了解，是因為他的兩個景仰者色諾芬（Xenophon）與柏拉圖對他有詳細的記載之故。

四、哲學思想

蘇格拉底的哲學思想由以下五點來說明：

(一) 人性論

人性論是在討論認識自己，並且認識自己的無知；在人性論中蘇格拉底強調：第一，人有向善、求善以過完美生活的可能；

第二，人唯有透過自省，來努力了解自己個人的內心需求，才有
廓清人生迷霧，睹見自己存在真理的可能；第三，首創以人為中
心的目的論；因為他把哲學的重點從自然界轉向人的問題，所以
人們稱他為第一個把哲學從天上請回人間的哲學家；第四，自視
為「無知」，並且認為一般人的「不知強知」是不智的，有人向
德爾斐神壇求問，有沒有人比蘇格拉底更有智慧？德爾斐神壇答
稱再沒有別人了。因此蘇格拉底認為「無知」其實就是一種智
慧，也就是我們現在所說的自知之明。蘇格拉底認為，唯有努力
扮演人的角色，不要太過於高估自己才能彰顯「人性」的原貌。
蘇格拉底說過：「我只知道一件事，就是我一無所知。」

(二) 知識論（真理觀）

在知識論中蘇格拉底認為知識必須具備，第一：普遍的、永
恆的以及絕對價值性，所謂普遍即是指不論在任何空間（地域）
仍然有效且正確，而永恆則是在任何時空（時間）中都不因外物
而有所異動；第二：認知這種永恆（絕對的、普遍的）的真理智
慧，是一種個人修德、成善的倫理性的真理；第三：知識的目的
是以真理、真知或真智慧的發現，作為最高企求的目標。

(三) 道德哲學（目的論）

蘇格拉底認為：「追求德行與智慧，先於個人利益」，以及
「謀求城邦的正義，先於謀求城邦的利益」之德化的人生理念。
並且主張知德合一的價值觀，認為「知識即道德」，能夠分辨善

惡，必定有助於自己；相對的，一個重視自己德行的人必定也能妥善照顧自己的靈魂。「清楚認識真理，是至善生活所必須」確是蘇格拉底的信念。

(四) 方法論（產婆法）

透過與他人交談、對話、問難中，充分運用歸納法，推導出普遍的定義，從而以求得認知。他不傳授（真理）智慧，只是激發人們自己去發現（真理）智慧，所以又稱為產婆法，並且藉此移除學習者心中的謬誤。或又稱，師生問答法。

(五) 宗教觀

蘇格拉底其實並非如同審判中所說的是一個無神論者，他不但相信諸神的存在，並且認為諸神擁有無限的知識，甚至知道人的一切言行思想。而且蘇格拉底並不在意一神與多神的問題。

五、對後世的影響

蘇格拉底為古代希臘思想界開創了一個新紀元，蘇格拉底的出現，替柏拉圖和亞里斯多德這些希臘偉大的哲學家做一奠基。他們三人在哲學上的成就，造成希臘文化的黃金時期。蘇格拉底的思想，對當時混亂的雅典思想界，有振聾發聵的作用；蘇格拉底的人格，對於一般趨炎附勢的雅典公民，也有啟示作用。

在哲學方面，他對於其門生柏拉圖和柏拉圖之門生亞里斯多德的思想體系影響至巨。他對後世的貢獻大致有三：

㈠對哲學方法的改進：建立歸納法（inductive method）的初步基礎。

㈡是有系統研究知識條件的第一人：建立認識論（epistemology）的體系。

㈢構成倫理學的體系：建立道德科學。

關於歸納法，這是蘇格拉底常使用的方法。事實上，蘇格拉底的詰問法，是「綜合」和「分析」相互為用的方法，本質上就是辯證法。這種方法對柏拉圖的影響很大，在他的《對話錄》中到處可以看得出來。柏拉圖以辯證法為建立概念知識的方法，辯證法包括兩個步驟：1.綜合特殊而為一個概念；2.分析概念而用於特殊。在思考的過程中，前者即是類化（generalization），後者就是分類（classification）；很明顯這是由蘇格拉底的教學中得來的。

在認識論方面，蘇格拉底應屬於理性主義（rationalism）。在古代，認識論之派別的畫分雖不明顯，但從各哲學家們的主張中，可以找出其理論的淵源。例如蘇格拉底和柏拉圖是理性主義者；亞里斯多德雖師事柏拉圖，但他在認識論上的主張，是走折衷理性主義和經驗主義的路線。蘇格拉底認為知識的來源是理性（reason），真實的知識是普遍的而非特殊的；是形式的而非偶然的；是永恆的而非變動的。他在這方面的理論，近則影響柏拉圖；遠則對近代的理性主義者如笛卡爾（Descartes）、斯賓諾沙（Spinoza）和萊布尼茲（Leibnitz）等人均有莫大的啟導作用。

蘇格拉底的倫理學思想，對柏拉圖的影響更大，兩人都屬於

倫理的幸福主義，柏氏在主觀上認為至善即幸福，認為人類行為的目的，應使靈魂擺脫肉體的束縛，藉德性與智慧之助，變得和上帝相似，以道德和智慧為幸福的主要因素；這和蘇格拉底的理論很相似。另外，蘇格拉底在倫理學上所持「中庸」的看法，對亞里斯多德的啟示很大。亞里斯多德認為人是理性動物，過著理性生活，追求至善的價值，至善的生活才有幸福，這和蘇格拉底的人性論十分接近。

六、教育思想

(一) 知識即道德

　　蘇格拉底一生沒有著作，他的言行和思想是靠他的弟子柏拉圖和色諾芬替他記述流傳下來的。其中與教育最有關係的，是他的倫理思想。在道德理論方面，他屬於幸福主義者，也是哲學思想中最崇高的一部分。在倫理學中，他將「幸福」和「德」的概念分析得很詳盡，構成一個完整的體系。

　　蘇格拉底認為幸福即至善。但他所說的幸福，不專指快樂。他認為人類要獲得幸福，生活必須有節制，因為中庸之道是一切道德的基礎。但從柏拉圖的《對話錄》中可看出，蘇格拉底所謂的中庸理論並非禁慾主義；他所謂的幸福，不是指物質生活的快樂，而是特別強調祛除心靈中的憂慮，和致力於知識的獲得。

　　蘇格拉底認為，智慧為一切道德的基礎，所以「知識即道德」為倫理學理論的主旨。他認為明智之人，能明辨是非善惡，

並且在平時的行為實踐中，做到為善去惡。沒有人會故意作惡的，因為故意作惡，會使他本身感覺不快。凡人的作惡，皆由於愚昧無知，所以智慧為唯一之德，愚昧是唯一之惡。這就是蘇格拉底「知德合一」的理論，他把知識和道德二者，看作是兩者合一。

在他的「知識即道德」的理論下，他常認為：如果人們能夠徹底了解自己真正利益之所在，洞察自己行為的未來後果，批評並調和自己的慾望，針對更遠大的目標，將之從渾沌中導入更富於創造的和諧境界，那麼對受過教育而富有社會經驗的人，這種反省也許可給予他們以理想的道德標準；但對於那些愚昧無知的人，無法建立起他們的道德反省的意識，唯有用教育的力量，使他們不斷地追求知識，增加他們對是非善惡的判斷力，才能實踐善的行為。

他一生引導青年走上較大範圍的人生真理之路，以此真理來衡量一個真正人的生活。所以他說，良好生活的藝術，乃是藝術中的最高境界。他以鍥而不舍的精神，探求正確的個人思想以及正確的知識，重視日常道德上的各種問題。他坦白承認舊教育的變遷乃是不可避免之事；他探索著在教育上建立個人道德的新基礎，以代替為國家服務而訓練的老觀念。

我們了解，「知德」是道德教學的範疇；「行德」是道德實踐的範疇，道德重在實踐，只知德而不行德，等於不知。知德者可能行德，也可能不行德，若干學者倡導「知行合一」，事實上這是一個希望達成的目標，少數有高尚道德修養的人才能做得

到，要求人人都如此，那只是一個理想。有人批評蘇格拉底的理想根本不能實現，蘇格拉底便說：「因為不能實現就壞嗎？假若一幅圖畫，畫著一個盡美盡善的美人，你能說因為並非實有其人，那張圖畫就是壞的嗎？最完美的理想，是批評實際的標準。」

(二) 詰問法（亦稱產婆法）

他引導學生自己進行思索，自己得出結論，如蘇格拉底自己說的，他雖無知，卻能幫助別人獲得知識，正像他的母親是一個產婆，雖年老不能生育，但能幫人接生一樣。柏拉圖在《美諾篇》裡說，有一次，蘇格拉底在街上，隨便找一個對幾何定理毫無所知的兒童，經過他精闢的對話，竟然能使這名兒童做幾何定理的演算。這意味著每個人都具有思維的能力，學習不是單純積儲知識材料，而是學生跟教師共同尋求正確答案的過程。因此亞里斯多德認為，蘇格拉底的最大貢獻在於首次提出歸納法和定義的方法。後來西方教育史上的啟發教學就是從蘇格拉底的這種方法發展來的。

1. 蘇格拉底式對話中主要的三個階段

(1)澄清語意

在我們日常的想法、對話當中，經常會有一些語意籠統不明的現象，而為了能夠確實地分析、了解我們想法的根源，蘇格拉

底式對話的第一個步驟就是針對語意中模糊不清的部分，尤其是關鍵字詞加以釐清，要求當事人對所說的字詞提出一個明確的定義，以澄清概念。

(2)了解規則

在定義都清楚了之後，我們便可以著手來了解這個想法跟事件之間的關係了，而這個關係便是一個內隱的規則，認知治療者認為人的內在都有很多的規則，我們依據這些規則來評判外在的事物，而透過對這想法的前提的澄清，規則便自然會浮現出來。

(3)找出證據

在規則已經清楚了之後，我們就要來好好地檢視這樣的規則是不是合理了，而要求個案提出證據便是驗證這個規則正確與否的一個很好的方式，如果當事人能夠提出有力的證據，那我們便比較能夠相信這個規則是有根據的，不然則需要被修正以合乎事實。

2. 蘇格拉底式對話的特點

(1)懷疑的

蘇格拉底認為一切知識，均從疑難中產生，愈求進步疑難愈多，疑難愈多進步愈大。由懷疑而引出問題，這不是表示蘇格拉底傲慢自大，或自命為智者；事實上恰好相反，蘇格拉底本是非

常謙虛的。他常說：「我知道自己的愚昧，我非智者，而是一個愛智的人。」此外，蘇格拉底所謂「懷疑」是研究學問和討論問題的方法，別於古代希臘懷疑論者之所謂的「懷疑」；前者以懷疑為方法，作為探求真知的手段；後者以懷疑為目的，始於懷疑，而終於懷疑，結果則毫無所得。

(2)談話的

在討論時，採用談話的方法，以辯論為技術，而尋求真理和概念的正確定義。其真理的發現，是在討論和問答法中進行，所以有人叫這種方法為「產婆法」，為知識接生的藝術，知識原存於對方的心靈內，不過他自己因受其他錯誤的觀念所蔽，而沒有發現罷了。蘇格拉底自比產婆，從談話中用剝繭抽絲的方法，使對方逐漸了解自己的無知，而發現自己的錯誤，建立正確的知識觀念。這種談話也有幾個特點：

第一、談話是藉助於問答，來弄清對方的思路，使其自己發現真理。特別的是在談話進行中，蘇格拉底偏重於問，他不輕易回答對方的問題。他只要求對方回答他所提出的問題，他以謙和的態度發問，由對方回答中而導引出其他問題的資料，直至最後由於不斷地詰問，使青年承認他的無知。在發問的過程中，蘇氏給予學生以最高的智慧，此即有名的蘇格拉底反詰法。

第二、青年們想要學習，必與之交談，由交談而建立友誼，由於友誼建立在雙方的情感基礎之上，這樣才有助於問答的進行。於是愛求知識和增進友誼二者，構成蘇格拉底教學方法進行

中的基本要素。

(三) 教育目的

蘇格拉底是偉大的哲學家，也是偉大的教育家。他認為教育的目的在求至善、品德的培養及心理能力的發展；並以為教育的目的就是人生的目的：人生的目的在求得至善，人類之所以能達到至善的境界，則在致力於道德的修養，以完成理想的人格。蘇格拉底承認客觀真理之存在，同時又主張自我努力的必要；前者為知，後者為德；知德合一乃蘇格拉底理想中的人格。他以「友誼」、「勇敢」、「謙遜」等為道德之概念，而人格的擴大，即繫於觀念知識的充實。而「知汝自己」或內省，則為達到此教育目的之不二法門。

(四) 有教無類

蘇格拉底是一位十足的街頭教師。他站在街頭，當有學生想討教問題時，他會欣然同意地授課。他的學生中，有出身貴族，也有出身平民的。他不像詭辯者，認為一分錢一分貨才有教學效果而收取昂貴的學費，他不收取學生的學費，但接受學生餽贈，而他的教學熱忱依舊不變。因此，蘇格拉底被讚譽為平民教育家是一點也不為過的。

貳、柏拉圖（Plato，西元前四二七至三四七年）[10]

一、生平事蹟

(一) 生平

　　柏拉圖於西元前四二七年五月七日出生在雅典附近的伊齊那島。他的父親阿里斯通（Ariston）和母親珀克里提俄涅（Perictione）都出自名門望族。父親的譜系可以上溯到雅典最後一位君王科德魯斯（Codrus）。母親出自梭倫家族（Solon）家族。柏拉圖屬於梭倫第六代後裔。

　　柏拉圖原名阿里斯托克勒（Aristocles）。據說，他的體育老師見他體魄強健，前額寬闊；就把他叫作柏拉圖，而在希臘文中"plato"的意思就是寬廣；也有一說是認為其思想開闊而得名。柏拉圖有兩個哥哥阿得曼圖（Adeimantus）和格拉孔（Glaucon），在柏拉圖對話中常出現。柏拉圖還有一個姊姊名叫波托妮（Potone），他是後來柏拉圖學園繼承人斯彪西波（Sprusippus）的母親。柏拉圖的父親去世後，他的母親改嫁給他的堂叔皮里蘭佩（Pyrilampes）。皮里蘭佩和雅典民主派領袖柏里克利（Pericles）關係密切，柏拉圖在《可爾米德篇》中以頌揚的口吻提到

10　本文係由李雨潔及黃郁淳整理而成。

過他的這位繼父。

柏拉圖出生的那年，伯羅奔尼撒戰爭已經進行到第四個年頭。柏拉圖從小受到良好的教育。他在青年時期熱衷於文藝創作，寫過讚美酒神的頌詩和其他的抒情詩，富有文學才華。大約二十歲時，柏拉圖追隨哲學家蘇格拉底，直到蘇格拉底被雅典當局處死為止。在此期間：伯羅奔尼撒戰爭以雅典失敗而告終；「三十僭主」推翻民主政治，但因施行暴政而在八個月後又被群眾推翻；雅典恢復民主政治，但它又以莫須有的罪名處死了蘇格拉底。

蘇格拉底之死改變了他一生的志向。從他七十歲高齡時撰寫的自傳式的《第七封信》中可以看出，他在青年時期熱衷於政治，希望能公正地治理城邦，但是實際經驗告訴他，包括雅典在內的所有城邦都做不到這一點。最後，他認為只有在正確的哲學指導下才能分辨正義和非正義，只有當哲學家成為統治者，或者當政治家成為真正的哲學家時，城邦治理才能是真正公正的。這就是他在《國家篇》（即著名的「理想國」）中提出的一個重要思想，即所謂的「哲學王」，讓哲學家治理國家，或讓統治者成為哲學家。

柏拉圖主要是哲學家，但也可以說他是一位政治家。柏拉圖青年時產生的政治志向實際上貫穿他一生，他後來三次西西里之行就是為了實現他的政治理想。在他的對話中有不少地方討論政治問題，集中討論政治問題的除了《國家篇》以外，還有《政治家篇》和《克里底亞篇》。

他於西元前三九九年離開雅典，先後到過麥加拉、埃及、居勒尼、南義大利和西西里等地，到西元前三八七年才返回雅典。他在遊歷中考察了各地的政治、法律、宗教等制度，研究了數學、天文、力學、音樂等理論和各種哲學學派的學說。在這樣廣博的知識基礎上，柏拉圖逐步形成了自己的學說，以及對改革社會制度的見解。他回到雅典以後便建立了學園，全面制定他自己的哲學體系，進一步傳播他的學說，培養人才，期望實現他的理想。

西元前三八七年，柏拉圖在朋友的資助下在雅典城外西北角的阿卡德摩（Academus）建立學園。此地原為阿卡提英雄阿卡德摩的墓地，設有花園和運動場。這是歐洲歷史上第一所綜合性傳授知識、進行學術研究、提供政治諮詢、培養學者和政治人才的學校。柏拉圖的學園建校後，園址長期未變，直到西元前八六年羅馬統帥蘇拉圍攻雅典時才被迫遷入城內，以後一直保存到西元五二九年被東羅馬皇帝查士丁尼下令關閉為止，前後持續存在了達九百年之久。以後西方各國的主要學術研究院都沿襲它的名稱叫 academy。

(二) 事蹟

學園的創立是柏拉圖一生最重要的功業。當時希臘世界大批最有才華的青年受它的吸引。他們聚集在柏拉圖周圍從事科學研究和學術討論，為後來西方各門自然科學和社會科學的發展提供了許多原創性的思想。柏拉圖的後半生除了短期去過西西里以

外，都在這裡度過，他的著作大多數在這裡寫成。柏拉圖的學園在西方開創了學術自由的傳統，是希臘世界最重要的思想庫和人才庫。柏拉圖建立的學園 academy 和後來西方各國沿襲這個名稱的各種學術研究團體也有不同，柏拉圖學園的目的之一就是要為城邦培養治理人才，與當時許多城邦有政治聯繫。雖然柏拉圖在實踐中經過多次碰壁以後，他的政治理想也有所降低了，但他想按照哲學的正義原則治理城邦的思想卻沒有放棄。他的一生雖然以主要的精力從事研究哲學，愈來愈少參加政治實踐；但仍想以他的思想影響城邦統治者。儼然以「帝王師」自居，這一點和中國儒家的傳統相近。

為了能夠實踐自己的政治理想，柏拉圖曾三次赴西西里島，先後與敘拉古統治者狄奧尼索司一世（Dionysus）、狄奧尼索司二世打交道，希望制定新政，用最好的法律來治理國家，然而，柏拉圖和狄奧尼索司二世的相處不睦，最後遭到失敗。從此以後，柏拉圖放棄了參與政治實踐，將全部精力用於辦好學園。

西元前三四七年，柏拉圖在參加一次婚禮宴會時無疾而逝，享年八十歲，葬於他耗費了半生才華的學園。他的一生經歷了雅典的衰落、政府黨團的更迭、政治暴動，看見城邦轉成帝國，希臘躍進希臘化世界，他曾熱切加入政治，但對時勢深感絕望，而後從政治抽身，專心哲學，在希臘世界享有崇高的聲譽。

二、哲學思想

二十世紀以前的西方學者普遍認為，《理想國》代表柏拉圖

哲學思想的頂峰。這本書所涉及的範圍極廣，包括哲學、政治、倫理、文學、藝術、教育、心理、經濟、歷史哲學等，可說是包羅萬象。

　　柏拉圖在《理想國》中提出有關政治、道德、哲學、教育、經濟、文學、藝術等不同問題的看法，並不是各自獨立的。這些不同的課題彼此環環相扣，連結成一個有機的整體，而以倫理學中的正義問題作為貫穿全書的樞紐[11]。

　　「生從何來？死歸何處？當做何事？」這三個問題是柏拉圖全部哲學的綱要。柏拉圖的生平和他的理想一樣，他認為感官世界是虛幻的，唯有觀念界才是真實的。在他學說中，生命僅僅是我們人很低階的一部分，在生命上面是有我們的精神和理想。他認為所謂「人性」，就是能夠接受教育，並且能將自己所學的教給別人。

　　他認為神是開始、是過程，也是終了。我們人生在這個世界上，也應該有一種價值的批判，因而知道我們的開始、過程、終了，作為構成人生的一種意義；在認識人自己生存的意義裡面，我們也必須對整個宇宙有一種了解，因為唯有了解整個宇宙以後，才可以在宇宙中為自己找一個定位，我們才能夠知道究竟我們從哪裡來，應該往哪裡去，應該做什麼事情[12]。

　　另外，柏拉圖對於哲學提出一些看法。

11　劉若韶（1998）。柏拉圖《理想國》導讀。台北：台灣書局。

12　鄔昆如（1989）。西洋哲學論叢提要。台北：黎明。頁49。

(一)知識論 [13]

柏拉圖認為：我們認識的東西必須是真實的，而相信的東西則可真可偽。透過對某些原則的推理，信念就可以變為知識，他把這種推理等同於「回憶」，即對於出生前所獲得的知識的回想。

另外，就知識而論，柏拉圖認為知識和意見是不相同的。每個人的意見會因其在不同的時間，而有了不同的認識，所以會有不同的看法。但是人們所擁有的知識必須是共相的、不變的、普遍的，就人所處的實際情形而言，柏拉圖有一個比喻，如下：

洞穴的比喻

有一群人世代居住在一個洞穴裡，他們從出生起就被鐵鍊鎖在固定地點。在他們的身後有一堆火，在火與囚犯之間有一堵矮牆，牆後有人舉著各式各樣的雕像走過，火光將這些雕像投影在囚犯面對的洞壁上，囚犯不能互相觀望。

囚犯們已經習慣這種生活，他們並沒有掙脫鎖鍊的念頭。有一個囚犯偶然掙脫了鎖鍊。當他第一次看到陽光下的真實事物時，進而看到事物本身。

洞內的影像和雕像相當於形象和自然物，被鎖住的囚犯的觀看是幻想，自由的囚犯在洞內的觀看是信念。洞外的自由人看到

---

13 洪漢鼎（1998）。批評的西洋哲學史。台北：桂冠。頁53。

的是理念，他的觀看是知識，獲得知識的漸進過程相當於借助影像和映象的數學推理，以及逐步上升的辯證法，最後認識到最高原則和萬物的本源是善。

知道真相的人，按照他自己的意願，回到洞穴為了解放他的同胞，但他的失敗卻是不可避免。他從光明處來到黑暗處，已不能適應晃動的影像。

柏拉圖藉解放囚犯失敗的故事比喻蘇格拉底的悲劇。哲學家如同返回洞穴的自由人一樣，他們為了其他人的利益，不得不放棄個人興趣和思辨的幸福而參與政治。啟蒙和解救陷於悲慘境地而毫無自覺的人，乃是哲學家的公民義務。柏拉圖提出「哲學家王」的主張並不是因為當王符合哲學家的興趣、利益和目標，而是因為哲學家當王符合國家與公眾的利益[14]。

信念與知識區別的相當明確，它們分屬心靈的不同型態，並具有各自不同的對象，知識的對象是看不見的理型，信念的對象則是感覺世界。柏拉圖認為，知識與意見是人的兩種相互獨立的能力，因而，它們必定有不同的對象。同樣地，知識與信念也必定有各自的對象[15]。

(二) 觀念論

在西方哲學歷史上，柏拉圖堪稱是觀念主義的創始者。他的理論主要的意義有兩點：思想要清澈，即玄學；統治要賢明，即

---

14 趙敦華（2002）。西方哲學簡史。台北：五南。頁 67-70。
15 同註 13，頁 54-55。

政治學。一件東西的觀念可說是那件東西所屬的共通的觀念;或說是那件東西及其所屬類發展所趨的圓滿目的和理想。柏拉圖的觀念將我們的觀念、律則、理想統統蘊含在裡面。在接觸感官的種種表面現象及個別事物背後,再有種種普通的概括、不變的秩序及發明的趨向,不能憑感官去知覺,只有憑理性和思想去領悟。這些事物更有永久性,所以也更有真實性。

事物所以會有意義,全靠經過分類與概括作用,把它們存在的律則與活動的目的尋求出來。高等教育的精華就是去探求「觀念」:求普通的概括,因果的定律、發展的理想,必須根據律則和目的去分類而配置我們的感官經驗[16]。

(三) 靈魂論

靈魂與肉體的區分是兩個領域區分的延伸。他的區分蘊含著後來被稱作心二元論的觀點,即靈魂和身體是兩個互相獨立的實體。

靈魂包含著嚮往身體的因素,靈魂和身體的結合雖然是一種墮落,但卻是符合靈魂狀況的墮落。只有經過合適的訓練,才能使它回憶起曾經見過的理念。因此,學習就是回憶。知識不是後天獲得的,也不是從靈魂中自發產生的,而是靈魂固有的。學習的作用在於觸動、提示或喚醒知識,使之明白昭示於靈魂。

「回憶說」肯定一個人可以學習他所知道的東西,但對「知

---

16 威爾・都蘭(1997)。西方哲學史話。台北:國家。頁 48-50。

道」的意思進行分析：知識包含於靈魂之中，已經是被知道的；被知道的東西不一定是被關注的東西，擁有知識的靈魂不一定知道它的擁有。「回憶」、「尋求」，都是靈魂對自身的關注，是對擁有知識的再認識。按照這樣的分析，原初的知識是靈魂對理念的自我觀照，知識的學習則是對原初知識的摹本，靈魂的模仿就是回憶。柏拉圖把靈魂的回憶等同於靈魂的淨化，強調智力訓練和道德修養的一致性。

「回憶說」在柏拉圖哲學中占有重要地位，其主要作用在於：第一，為蘇格拉底方法提供了理念論的論證，這種方法之所以能夠在靈魂內部誘導出真理，原因在於靈魂回憶起既有的知識，在於靈魂與理念領域的相通；第二，回答了生活在可感世界的人何以能夠認識理念的詰難，人類知識是靈魂對過去經歷的回憶；第三，論證靈魂不朽，西方倫理學有把靈魂不朽說作為道德生活必要前提的傳統，柏拉圖的輪迴說可以說是開這一傳統之先河[17]。

靈魂最本質的特徵是什麼？從根本來看，靈魂是活的，因此，當它出現在肉體上時，生命就成為現實。如果說生命是靈魂最根本的特徵，那麼只要靈魂存在，它就不允許死亡的出現。還有另一些東西也是不承認死亡的，因而很有可能靈魂也是不滅的，並且在肉體死亡之後，它們以完好的理型活動於某個地方。

我們所能知道的自發運動的唯一泉源就是靈魂。柏拉圖從這

---

17 同註 14，頁 83-85。

一點得出了靈魂的運動是不可能停止的，因此靈魂是不死的[18]。

(四) 倫理觀

他指出正義是個人間的關係，依據在社會的組織上，所以拿來研究時，與其看作個人的行為，不如看作社會結構的一部分。他又提出若能提出正義的國家，便可從更好的立足點去描摹一個正義的個人。柏拉圖對於這個離題討論自述的理由，是因為試驗目的要先看大的再看小的，所以在大範圍析論正義比在個人行為的小範圍來得妥當[19]。

任何政體，其根本原則推行過度，就要趨於滅亡。在政治上，若整個國家病了，豈不是應該求至慧至善的人出來服務和領導嗎？要設立怎樣一個方法去禁止庸人或奸徒竊占官職，選擇至善者出來為公共的幸福服務，這個便是政治哲學的問題[20]。

(五) 國家觀

柏拉圖認為社會起源於經濟需要，相互幫助和合作的人聚集而居，並把聚集的居所稱作城邦。社會的原則首先是專業分工的原則：每一個人都按照自己的自然稟賦從事一門職業勞動，這樣，社會勞動的技能和產品數量才能優於社會分工之前的狀況。

按照專業分工原則，有一批人承擔保衛城邦的職責，他們構

---

18 同註 13，頁 61-63。
19 同註 16，頁 36-37。
20 同註 16，頁 39-40。

成了與上述生產階級有別的武士階層。他在嚴格的和一般的意義上使用「保衛者」和「統治者」。一般意義的統治者包括武士和保衛者，兩者共同統治著生產者。嚴格意義的統治者專指武士的指導者，武士則是他們實施治國方略的執行者。

在柏拉圖設想的理想國家中，統治者除了國家的利益外，沒有任何個人的利益。他提出統治者共享財富和配偶的設想。所謂「共妻」主張不過是國家嚴格控制婚姻和生育的一種政策，只在統治階層內部實行。男女統治者均由國家指定配偶，配偶不固定，致使統治者無家庭。並且，配偶在指定的時間裡生育，以便能生出天性優秀的後代。嬰兒出生之後即交給國家撫養教育，不屬於父母。

柏拉圖對社會等級的分析出自對社會發展進程的考慮。從最基本的經濟生活發展出戰爭活動，最後發展出政治活動。

柏拉圖認為，社會正義就是每一個人都只做適合他本性的事情。反之，三個等級相互干預、彼此替代則是不正義，這種僭越行為將毀滅國家。柏拉圖社會觀的基礎是「自然說」，基調是保守主義[21]。

三、教育思想

柏拉圖在《理想國》中指出，唯有具備哲學天分的人，才有可能獲得關於事物的真實知識。但是，這些具有哲學天分的人，

---

21 同註 14，頁 85-87。

如果沒有接受恰當的教育，是不可能獲得真知識的。換句話說，教育問題是正義能否在個人或城邦實現的必要條件，因此教育哲學是《理想國》一書非常重要的部分。然而，適當的教育能否落實，實有賴城邦中有哲學慧識的執政者加以推動和維持。

(一) 柏拉圖對教育的理論

柏拉圖對教育是寄予厚望的。在他的《對話錄》中，以《共和國》及《法律》二篇討論教育較為詳細。《共和國》一篇是他壯年時期的作品，由於年齡的關係，他對人、對社會、對未來，難免有些憧憬；《法律》一篇則是他飽經人世變化，老年時期的一篇著作。因此，教育的涵義，在兩篇對話集中，也有著不同的定義。在《共和國》中，教育是個人的社會化以實現理想的社會；在《法律》中，教育則是個人道德的訓練。

(二) 共和國

在柏拉圖的教育思想體系中，下列的幾個概念，占有重要地位：

1. 選擇

教育像是一個機器，藉由教育的實施，個人所擁有的才能，才會全部彰顯出來。依照柏拉圖的說法，一個社會是由金質的人、銀質的人及銅質的人組織而成的。他們性質的決定是在個人接受一定時期的教育之後才會明確，它區分出個人的才能來，然

後給予適當的教育。

2. 分配

教育也是個人社會角色的分配過程。社會是需要許多不同的個人去扮演不同的角色，柏拉圖將個人所扮演的角色，大致區分為兩個類型：即被統治者和統治者，它是由個人所接受的教育而決定的。

3. 和諧

是希臘人所嚮往的一種境界。在希臘人哲學思想上有混亂與秩序、多與一、有限與無限、生與死、個人與社會等兩極對立的概念。影響所及，在人的身上也區分為靈魂與肉體對立的概念。在柏拉圖看來，教育實施並不是只重視智育的活動。身體的鍛鍊與發展，同智育一樣是需要加以強調的、重視的。

4. 精英

他的興趣是放在社會少數精英人士上。他對於組成社會的絕大多數——農、工、商等人的教育，沒有太多關心。他相信作為一個統治者需要有高深的學識，尤其是需要對抽象實體思索與探討的能力。另一方面，他相信人的心智能力是高低不相等的。

5. 陶冶

柏拉圖的教育內容中，一向都重視數學的教育價值。數學不

僅是個體從現象的具體世界深入到觀念的抽象世界的依循途徑，而且，數學也是表現實在的一種工具，同時數學也是陶冶心智發展的一種方式。在其課程內，尚重視音樂學科。音樂和體操就是謀求個人心靈與身體和諧的憑藉。

6. 無私

柏拉圖所嚮往的一種社會生活方式，乃是個人全心奉獻給他所屬的社會而沒有任何的私心。整個教育歷程就是在消除私心。

7. 無知

社會組織是集合許多的個人而形成的。每一個人在社會上都有他應有的社會工作地位。為了使得他對工作職位有較好的適應，就必須從每個人身上將無知予以剷除。

(三) 法律

在《法律》一篇中，教育的意義為：訓練是將道德的本性，以適當的習慣傳授給兒童；讓兒童理性成熟後，就能發現其心靈中具有這些性質，而能心靈調和。此種心靈之和諧，就是德性；而這就是柏拉圖認為的教育。

教育歷程：兒童在六歲以前即住在由國家創辦的育嬰學校。根據柏拉圖的教育理論，不是所有的文化題材都可以當作教材來使用；另外，成人選擇教材的準則是以兒童所欲學習的內容為主。

1. 六至十八歲

教育中最主要的兩項活動，其一是音樂；其二是體操。在柏拉圖教育理念中，對於音樂與體操之教學，非常重視；特別強調兩者間的和諧性，而他對於音樂教育主張要慎選教材。

2. 十八至二十歲

進一步的體能鍛鍊與活動，以便培養出保國衛家的戰士，而特重與軍事訓練相關的活動。

3. 二十至三十歲

十八歲、二十歲都以甄試的方式，決定哪些人可以進入下一個階段的教育歷程。在這一階段，學習高深的學術，做專精而深入的研究，以期許對抽象思考的能力有所發展，此時期所專精的學科，都是高深學術的領域。

4. 三十至三十五歲

在這五年當中，即將成為治者的哲人王，將致力於哲學及其相關學科的研究。對於哲學中的辯證法、形上學皆有所涉獵，資質特殊而被選為哲人王者，則對純知識與真實之存在，再做一番詳細的探討，他們必須具備從現實世界深入至抽象實體界的思考能力；也必須從現象的變化中，歸納出普遍的原則。

5. 三十五至五十歲

　　哲人王將從事政府各級的實際事務性的工作。由於先前的教育，總是停留在觀念的世界，沒有將觀念與現實生活相互映證。藉此機會，期使讓理論與實際有連結，而在各項問題的實際解決操作過程中，能夠認識到理論與實際的關係。五十歲是治者教育的完成；也是他為社會大眾提供指導性工作的開始。

　　從精英教育的觀點來看，柏拉圖的教育委實著重智能的發展，這也是他在教育上，開啟心智訓練理論的原因所在。

　　《共和國》的確是一篇教育論文。這裡揭示了教育個人適應社會需要的過程；提出了教育選擇人才，然後給予分配的功能。整個「共和國」所追求的是正義社會的實現，而正義的認識與實踐則有賴於教育實施；因此，「共和國」的實現，教育有其貢獻之處 [22]。

四、對後世的影響

　　作為一位哲學家，柏拉圖對於歐洲的哲學乃至整個文化的發展，有著深遠的影響。特別是他的認識論、數學哲學和數學教育思想。加上在古希臘的社會條件下，對於科學的形成和數學的發展，起了不可磨滅的推進作用。

22　徐宗林（1991）。西洋教育史。台北：五南。頁 102-108。

(一) 數學哲學領域

我們從柏拉圖的著作中，可以看到數學哲學領域的最初探究。柏拉圖的數學哲學思想是同他的認識論，特別與理念論是分不開的。他認為數學所研究的應是可知的理念世界中的永恆不變的關係，而不是可感的物質世界中的變動無常的關係。因此，數學的研究對象應是抽象的數和理想的圖形。

他們不僅把數學概念和現實中相應的實體區分開來，並把它在討論中用以代表它們的幾何圖形嚴格地分開。柏拉圖是從理念論的角度去探討數學概念的涵義。

柏拉圖也十分重視整數的學問，他在很大程度上繼承了畢氏學派的「萬物皆數」的觀點。他認為宇宙間的天體以至萬物都是按照數學規律來設計的。依賴感官所感覺到的世界是混亂和迷離的，因而是不可靠的和無價值的，只有透過數學才能領悟到世界的實質。

(二) 分析法和歸謬法

此外，柏拉圖學派在數學中引入了分析法和歸謬法；他點出了點、線、面、體的定義；他對軌跡也有較早的認識，還研究了稜錐、圓柱、圓錐的問題。在算術方面，他們發現了不少級數的重要性質。在天文學方面，他們不只是追尋天文觀測的表象，而更尋求有關天體的完美數學理論。總之，柏拉圖學派主張嚴密的定義與邏輯證明，促成了數學的科學化。

自西元前三八七年開始，柏拉圖就把創見和主持學園教育作為自己最重要的事業。雖然他認為學園的辦學宗旨是培養具有哲學頭腦的優秀政治人才，直至造就一個能夠勝任治國重任的哲學王，但他深信：從事數學研究能培養人的思維能力，因此是哲學家和那些要治理他的理想國的人所必須具備的基本素養。

(三) 倡導多層次的數學教育 —— 因材施教

柏拉圖倡導多層次的數學教育，在某種意義上也體現了一種因材施教的原則。柏拉圖並首次提出普及數學教育的主張：「應該嚴格規定貴城邦的全體居民務必學習幾何。」在西元前四世紀的希臘，絕大多數知名數學家都是柏拉圖的學生或朋友，他們以柏拉圖學園作為數學交流活動的中心場所，形成以柏拉圖為核心的學派，史稱柏拉圖學派。

五、批評與結論

柏拉圖所著的《理想國》裡的許多措施，目的在於創造一個完美的環境，使人人接受一切可能接受的教育，發展其一切可能發展的才能，安排到適才適性的工作崗位，發揮其可能發揮的一切才華。人人各盡其力，各守其職，整個城邦成為和諧的整體，而非散亂的分裂。適才適性的教育與適才適性的工作安排，即是促進社會團結的最好方法。

在理想國的許多措施之中，相對於其他國家、經濟、政治等制度，文學藝術和道德教育最為重要，也最為根本。治理一個國

家，應該從道德教育著手。另外，在文學藝術的道德教育中，柏拉圖認為，音樂最重要——這是柏拉圖非常特別的一個觀點。就他的觀點而言，音樂不僅是旋律與節奏的組合而已。這些音樂都可能滲透整個社會風俗的習慣，侵入人與人之間的關係，最後，把國家的基本法律與結構，完全加以摧毀。

柏拉圖回顧理想國建國的基本原則，做一扼要的總結。理想國在教育、經濟、社會……等各方面的許多措施，目的在於創造一個完美的環境。使人人接受一切可能接受的教育，發展其一切可能發展的才能，安排到適才適性的工作崗位，發揮其可能發揮的一切才華[23]。

參、亞里斯多德（Aristotle，西元前三八四至三二二年）[24]

一、生平事蹟

亞里斯多德的一生雖說不上坎坷曲折，但也不是一帆風順。關於他的一生，可分四個時期：幼年期、青年期、壯年期、老年期。分別陳述於後：

---

23 張柯圳（2002）。希臘文化哲學。台北：時英。頁 43-46。
24 本文係由周怡伶及王筱涵整理而成。

(一) 幼年期

生於西元前三八四年的亞里斯多德，父親曾是馬其頓王阿明塔斯的御醫。受父親的影響，亞里斯多德從小就喜愛生物學和醫學，而且自幼也養成了專注事實、尊重經驗的人格和作風。醫學向他顯示了生命的奧祕，激發他強烈的好奇心。

(二) 青年期

十七歲（西元前三六七年）進入柏拉圖學園，拜柏拉圖為師，由於欣賞乃師有學問、有道德、生活幸福，在學園逗留學習、授課，直到柏拉圖去世才離開，前後有二十年時間。

在柏拉圖學園生活了二十年，在那裡他異常勤奮，學習有成。亞里斯多德的見解，到後來與柏拉圖學說有出入，但在求學時期，對其師承態度極為忠實，不敢越雷池一步。這時期的著作可說是「柏拉圖的模仿」，儘管亞里斯多德有獨到見解、有創作，但畢竟不多。

(三) 壯年期

由於政治上的因素，再加上柏拉圖去世後，亞里斯多德離開生活了二十年的雅典城，開始了十二年的遊歷生活。西元前三四三年，馬其頓國王菲力浦二世為兒子亞歷山大物色老師，請亞里斯多德擔任亞歷山大的老師。亞里斯多德除了教導亞歷山大作學問外，主要的還是做人的倫理道德。在亞歷山大東征西討期間，

雖然併吞地中海沿岸各城邦，卻無血流成河的大屠殺，不能不說受亞里斯多德的教導。

此時亞里斯多德一心研究自然科學，尤其醉心植物學和動物學，當亞歷山大大帝在外東征西討時，總有兩支部隊不參加作戰，為亞里斯多德蒐集當地動植物，作為標本。

(四) 老年期

亞里斯多德在呂克昂的運動場創立學園。在開始的時候，設備不齊全，他們只能在體育場的林蔭路上邊走邊講授課程，在漫步時討論問題，因此稱為逍遙學派或漫步學派。

在此時期，亞里斯多德全心投入工作，上午與學生一起討論深奧抽象的邏輯、哲學和物理學問題，下午以通俗的方式向校外聽眾講解修辭學、論辯術、政治學。同時還編寫大量的講義及教學大綱。無論是哪一種，它的目的就是教導人們與無知做抗爭。除了教學外，他也廣泛蒐集各種資料，進行科學研究，所以呂克昂也是一個學術研究組織，而且他在學園內設立了歐洲最早的圖書館，對後世影響甚大。

在亞歷山大遠征途中染病身亡後，雅典反馬其頓活動復甦，亞里斯多德被當作撻伐的對象，因此身心蒙受巨大打擊，一病不起，於西元前三二二年逝世，享年六十二歲。

二、哲學思想

亞里斯多德是第一個將哲學當作一門獨立的學科進行研究的人。他集合了前人所有的思想成果，編成融會貫通成的體系。我們可以從五個階段來看亞里斯多德的哲學思想：

(一) 思想法則

亞里斯多德發現人類的思想和外界的存在一般，可以分析和綜合、分類和整理。在思想的分析中，得出「邏輯」的法則；從日常生活的語言開始，把語句細分之後，發現「概念」為構成語言的最終因素；而兩個或兩個以上的概念用思想把他們連結起來或分開，就成了判斷；我們日常所用的語言，每一句話都是一種判斷。概念因為是從感官或思想直接得來的印象，故無所謂真假對錯；可是，一旦有了判斷之後，就有了真假，而批判的標準也要看是否與事實相符。

用兩個或兩個以上的真判斷，連結起來或分開，就成了一種推論的形式；而任何一種推論本身又是一種判斷；但是這些概念都因彼此間的關係，所造成的判斷和推論，就有了真假對錯。而在這裡的評價標準，就不再只是單純的客觀實在，而是各種思想法則，在三段論法中主要的法則有：同一律、矛盾律、排中律。

在邏輯的法則中，所有定理都是一定的，絕不能有例外，思想就是按著這種法則去進行。用邏輯法則解釋思想，而思想的對象在開始時，總是「存在」，把存在加以分類，就是範疇，就成

了概念產生的根本型態。

邏輯因而成了哲學入門，也就是思想的入門，因此被亞里斯多德稱為「工具」，這「工具」顯然不是目的，而只是方法，為達到求真的方法和過程。這種邏輯的運用，就是有名的三段論法。三段論法用三個相互有關的判斷構成，即大前提、小前提和結論。這三個判斷一共只有三個概念，而每個概念出現兩次，如同：

大前提：凡人都會死。

小前提：蘇格拉底是人。

結論：故蘇格拉底會死。

在知識的探討中，目的就是得到真理，而真理透過思維，表現在語言裡。在前文的舉例中，結論是要說明的真理，而真理由前提證明。一般而論，大前提是一種原理原則，由日常觀察和知識中可獲得；而小前提通常需要加以說明和證明，因為它多半是一特殊案件，不像大前提的普遍性和一般性。在亞里斯多德的心中，認為凡是真知識都能由三段論法的論證求得。

(二) 物理學

把思想的法則整理好之後，就是思想的內容。柏拉圖認為感官世界是虛幻，而觀念的思維世界才是真實；但是，亞里斯多德則以為感官經驗亦屬真實。因而，在思想內容方面，整個感官世界都成了亞里斯多德的知識對象。在感官世界的觀察中，「生成變化」成了所有物質世界的綜合性質。在變化的理由探討中，亞

里斯多德發明了「潛能」與「現實」理論，以為一切的運動變化以及生滅現象，都是由「潛能」到「現實」的過程。於是在現實世界的存在，立刻被排列成一縱的體系，上有「有」，下有「無」，中間就是各種層次在有無之間的變化現象。這麼一來，世上所有的生滅現象，從無到有，從有到無，以及各種變化、變大、成熟、變老等等，都能由「潛能」與「現實」的關係解釋。

就如一個嬰兒，在未出生之前是「無」，但是，這「無」不是絕對的，而是有「潛能」的，它只要有足夠的原因和理由，就會從無一躍而成為「有」；父母的原因就有足夠生「出」嬰兒的理由。嬰兒在出生之後，就成為「現實」；可是這現實對孩童來說又只是潛能；同樣當嬰兒漸漸長大，變成孩童之後，就有了孩童的現實，可是這對少年來說只不過是潛能；如此拾級而上，由少年到青年，由青年到壯年，由壯年到老年，再由老年到死亡，從有復歸於無。其整個變化過程，都是二元重疊的，相對的，現實提拔潛能，使其從無變有，使其從缺陷走向完美，使其從幼稚走向成熟。

以上是站在運動變化的事物本身去看變化的原理；站在運動變化的事物本身去觀察其原理時，則發現「形質說」；所有屬於潛能的東西，都是「質料」，這些質料由於「形式」的光臨而成為存在；而形式就像是現實，能使質料變成存在。但是，像潛能與現實的系列一樣，形質說也排成列成縱的，重疊的系統，下層的形式是上層的質料，上層的形式又是更上一層的質料。

(三) 形上學

亞里斯多德稱自己討論存在本身的學問為第一哲學；第一哲學也就是討論存在之最終原因，存在之所以為存在的學問；這門學問同時亦稱為神學。

關於「存在本身」的存在，亞里斯多德用了整體的因果論述，從運動變化的動因起，逐步導引到凡動必被動的現象觀察，到後來在追求原因的系列過程中，找尋一個「第一原動不動者」；這「第一原動不動者」是超越的，是最終的形成因和目的因；因而整個世界的運動變化系列，都由這最終的存在所推動和吸引；一切運動變化，一切存在，都以它為原因，而且為終極原因。

「第一原動不動者」同時是第一原因，當然就成為最高的存在。在因果系列中，就成為「存在的存在」，或是「存在本身」。凡是感官界中的真、善、美，在存在本身中就成為真、善、美本身。但是，在感官世界中混亂和雜多，在「存在本身」中卻沒有這些缺陷，而有的只是「唯一」、「次序」、「和諧」等德目。

論及「存在本身」之特性時，最特殊的一點就是「自我認識」；因人類的理知生活，用「由果及因」的推論，指出「存在本身」亦就是「理知本身」；這「理知本身」因為是「自滿自足的」，因而思想就思想自己本身的說法，成為亞里斯多德形上學的最高峰。

在金字塔形的宇宙存在架構中，底層有各式各樣的感官事物，最高層有「思想本身」，其間是不同等級的「分受」存在層次；有會思想的人類，有能意識的動物，有會生長的植物，還有無意識又無生命的頑石。於是，在提及人類的生存層次時，一切的倫理道德規範，都以「理知」、「思想」——「邏輯的」以及「形而上」的思考為中心。這種「理性主義」的人生哲學就完全奠基在形上學之中；因而，亞里斯多德的形上學是哲學的「體」，其倫理學成為哲學的「用」。

(四) 倫理學

人性最先的表現是對是非善惡的辨別能力，這是理知方面的工夫；然後就是擇善避惡的傾向，這是意志方面的責任。無論是理知或是意志，都是人的靈魂的能力，都是「分受」了存在本身的部分。在修為上，亞里斯多德的重心放在理知分辨善惡的事上，和蘇格拉底一樣，以為智者就是善人；反之，愚者就是罪惡。

然而，亞里斯多德對「人」的探討，還是走向了柏拉圖的把人定義為「政治的動物」，以為人類的行為表現就在於合群生活；因而，亞里斯多德的倫理學，很快的從人的「內修」轉向了「政治」的探討。合群生活超越了個人「單獨」的範疇，先由家庭到家族，由家族到社會國家，這種合群生活是人的天性，由各種「訂約」而形成。在國家組織中，亞里斯多德主張貴族政體。可是，亞里斯多德在政治生涯上並沒有比柏拉圖有所發揮，因而

回到個人生活的探討中，就是他年老時主張藝術生活的理由。

(五) 藝術哲學

在藝術生活中，亞里斯多德開始超脫了年輕時代的「理性主義」傾向，而專心注意人性「情意」方面的發展；在這種探討中，亞里斯多德漸漸對人性有更深一層的了解，發現自己原來知識中的類比概念，雖然在開始時只在因果推論中有效，但在藝術的了解中，卻發現萬物都有模仿的天性，這模仿的天性在人性發展中一旦走向了創造的殿堂，藝術的高峰就會出現；而人性在藝術境界中，再也不像在邏輯的領域內，斤斤計較公式的規定；也不像在形而上的原理原則下，對理知有全面的信賴；或是在倫理學中，對是非善惡的辨明，而是對客體做一種超乎真假對錯，超乎是非善惡，而只對美醜的感受的一種心靈狀態。在這種心靈狀態中，人性享受到自由自在的境界；也就在這境界中，人類擺脫了所有束縛，而「與造物者同遊」。

二、教育思想

(一) 教學目的及教學方法

亞里斯多德是偉大的教育思想家，他把人的靈魂分為兩個部分，一是非理性靈魂，其功能是本能、感覺、慾望等；二是理性靈魂，其功能是思維、理解、認識等。他認為在人的認識過程中，靈魂的主要功能是感覺和思考。靈魂藉助於感覺器官而感知

外界事物，那被感覺的東西是不以人的意志為轉移的，從而承認感覺在認識過程中的地位和作用。但是，他又認為感覺在這裡只有一種誘發的作用，真理和知識只有透過理性的思考才能獲得。因此，亞里斯多德的教學目的是發展靈魂高級部分的理性。奠定了其關於依據教育階段實施教學的認識論基礎，這既是一個教學適應自然的良好開端，也是把教學理論建立在人類自身發展和教育發展規律之上的初步嘗試。而在教學方法上，亞里斯多德重視練習與實踐，但非填鴨式的教育，此種教學方法綿延流傳至今日。

(二) 教育思想及主張

亞里斯多德對教育有許多獨特及令人欽仰的思想和主張。大致上，可將他的教育思想，分為下列幾點敘述：

1. 教育是國家的責任

然而一套良好的教育制度或教育體系必須建築在一完整的教育方案及法律的規範之上，故「教育立法」思想於此時開始萌芽。此外，他不但認為教育是國家事務，應產生在理性的生活，也應以有計畫的教育培養理性及正義的公民，旨在調和個人發展及社會國家責任之間的脫節與不和諧，以激發個人主義高漲之風氣，促使國家康樂。他更有句名言為：「教育是廉價的國防。」意指藉由教育可提升國民水準及素養，強化國力。

2. 人的發展分為三階段

他認為：(1)身體主要發展階段；(2)靈魂非理性部分──慾望或是感情──處於顯著地位階段；(3)最後階段，由於理性占支配地位，它使整個發展過程的意義表現明顯。

與此相應的，是三重教育；首先是身體訓練；其次是品格教育；最後是智力教育。

3. 提倡體育和體操的訓練

認為這是身體訓練中相當重要的一部分。體育能保證有良好的體格，而在使用弓箭、標槍和簡單軍事操練中，能增進技藝能力。但他堅決主張，兩者的訓練要適量，並避免過度操練。像斯巴達人那樣培養出僅僅具有簡單頭腦的運動員是愚蠢的。

4. 應把法治與公共教育聯繫起來

立法者須保證他的公民個個都要成為善人。此外，他極為重視品格及道德教育，這是有賴於各種習慣培養而成的。

5. 主張教育有自然、習慣和理性三因素

他認為習慣應先於理性，因為「慾望在兒童誕生時就產生了，而思想和推理只是在他們長大時才出現。」慾望本身並無所謂好與壞，而亞里斯多德沒有做出任何明顯的區分。一方面慾望是非理性，但卻並非完全是非理性。只要它們在理智的控制之

下，並非不能使之成為理性。所以善或惡不依賴慾望本身，而是依賴於它們獲得的訓練。也就是說，善或惡依賴於第二階段的教育中形成的習慣。

6. 認為音樂有各種不同的作用

除了供人娛樂、消遣，在教育上還有陶冶心智的作用。對一切正確的事物感受樂和苦，除了使心智與美好的音樂達到和諧外，再也沒有好的辦法使心智喜愛崇高的東西，痛恨低賤的東西。因為當我們留神聽音樂的時候，我們就改變了靈魂。亞氏認為：音樂能改變靈魂的品質；它既然具有這種力量，我們就要用它來培育青年一代。

7. 相當重視後天對人的影響

即是社會環境對人的影響，人出生後，經過社會化的過程，受社會不斷的洗禮而改變自己。

8. 強調學習者的心智訓練

故特別重視數學、邏輯及哲學的研究，也認為心智重於體能及實際。他提出的「三段論法」奠定了訓練心智的邏輯理論，其「演繹法」重視客觀、觀察的科學方法以研究自然現象。

9. 相當重視教學方法

反對刻板的教學，傾向多元化的思考及理念。他將學校「萊

錫姆」設於富山水之勝地。師生共同優游其間；氣氛融洽，經常舉行宴會及通宵達旦的討論，因而有逍遙學校之稱。

10.在教育的價值上，他認為博雅教育重於職業教育

因為前者就是中庸及美好的教育方式，故也可以視為主智主義的教育觀。此外，其教育似乎有階級意識，認為心優於身；自由民的教育重於奴隸的教育，前者在培養治人者，後者則是治於人者，社會上存有這兩種畫分是美好的設計，因為人生來就不平等。但在教育順序上，主張體先心後，教育的程序應該身體活動早於心靈活動，幼兒時期教育訓練應該注意的事項，包括注重自然天性的活動。

亞里斯多德的教育思想及主張，豐富多元且完備，為後世帶來甚多影響。

(三) 教育政策及教育實施

亞里斯多德強調教育應適性，根據學習者不同的發展情況及時代背景，而有不同的教育方針。亞里斯多德將教育畫分為以下的幾個階段：

1. 幼兒教育階段（零至七歲）

嬰兒生下來以後，由家人養育。亞氏建議嬰兒喝牛奶、要自由活動、不要給予任何身體上的限制。他贊成嬰兒哭時不要抑止，因為哭也是一種運動。五歲左右時，兒童可以聽故事，不過

給幼兒所講的故事，必須注意故事的內容。五歲至七歲的兒童，應該加以觀察其性向，以計畫兒童將來可能工作的性質。此時幼兒生活習慣須格外注意，盡量避免兒童與僕人有過多接觸，以免影響到兒童純正語言的發展。

2. 初等教育階段（八至十一歲）

此期教育偏重一般常識的傳授；應以體能及道德培養為主，並強調讀、寫、算、繪畫等學科的學習。

3. 中等教育階段（十二至十四歲）

亞里斯多德在教學上對於數學也是甚為重視，一如他的老師柏拉圖以為學習數學可以從中獲致一般性的事理，諸如：幾何、算術等等。至於實用的智慧，則不是從這些科目當中去獲致。在中等教育階段，天文、音樂、樂器、詩、文法、修辭、地理等科，也是課程的一部分，且以體育、音樂、繪畫來訓練情緒意志。

4. 高等教育階段（十四至二十一歲）

在此一階段中，青年研究的科目計有：數學、文學、修辭、政治、倫理等科目，強調公民訓練，並經由數學邏輯和科學來發展理性，進而發展學生的理智靈魂。

二十一歲以後，課程上計有物理學、宇宙論、生物學、心理學、邏輯、形而上學、哲學等。

四、對後世的影響

　　亞里斯多德是古希臘哲學的集大成者，並企圖在新舊文化之間互相兼顧，以期社會安定，並強調個人利益發展及服務國家社會。他對古代哲學的全部成果進行了批評與繼承，試圖解決前人已提出卻沒有解決的難題，對此，他做出了重要的貢獻。他的學說在西方哲學、科學發展上有著重要的地位，對以後的哲學、科學發生了重大的影響。他的影響無論是積極方面，抑或是消極方面，都超越了古希臘任何一位思想家。

　　亞里斯多德建立一個百科全書式的思想體系。他是第一個對科學學科進行分類的學者，闡述了各學科的對象、基本觀念。他是許多學科的創始人和奠基者，如生物學、心理學、邏輯學、倫理學、政治學等學科。他的邏輯學流傳至今；他的形上學使他榮膺「哲學家之王」的桂冠。近代歐洲哲學無論是經驗派還是理性派，即便是康德和黑格爾，也都各自從亞里斯多德的哲學中吸取了對他們有用的東西。

參考書目

一、中文部分

1.　王克仁。西洋教育史。台北：台灣中華。
2.　向培風（2001）。尋訪愛智國度：關於蘇格拉底、柏拉圖、亞

里斯多德。台北：笙易。

3. 克舍挪方著，鄺健行譯（1989）。追思錄：蘇格拉底的言行。
   台北：聯經。

4. 林玉体（1999）。西洋教育史。台北：師大書苑。

5. 林順隆譯（2001）。蘇格拉底的智慧。台北：新潮社。

6. 周輔成（1964）。西方倫理學名著選輯。台北：商務印書館。

7. 柏拉圖著，呂健忠譯（1991）。蘇格拉底之死：柏拉圖作品選
   譯。台北：書林。

8. 洪漢鼎（1998）。批評的西洋哲學史。台北：桂冠。

9. 威爾‧都蘭（1997）。西方哲學史話。台北：國家。

10. 徐宗林（1991）。西洋教育史。台北：五南

11. 高特列柏著、何畫瑰譯（2000）。蘇格拉底。台北：麥田。

12. 粲大中、羅炎（2000）。亞里斯多德：西方文化的奠基者。台
    北：婦女與生活社。

13. 許爾木堅譯（1973）。蘇格拉底傳。台北：志文。

14. 郭實渝、但昭偉、蘇永明、林逢祺、林建福等著（2002）。哲
    學概論。台北：學富。

15. 張柯圳（2002）。希臘文化哲學。台北：時英。

16. 傅偉勳（1970）。西洋哲學史。台北：三民。

17. 楊亮功譯（1965）。西洋教育史（上冊）。台北：協志工業。

18. 鄔昆如（1984）。西洋百位哲學家。台北：東大。

19. 鄔昆如（2006）。哲學與哲學家。台北：五南。

20. 鄔昆如（1989）。西洋哲學論叢提要。台北：黎明。

21. 趙敦華（2002）。西方哲學簡史。台北：五南。

22. 劉仲容（1996）。西洋哲學史。台北：空大。

23. 劉若韶（1998）。柏拉圖《理想國》導讀。台北：台灣書局。

24. 羅伊德著，郭實渝譯（1984）。亞里斯多德思想的成長與結構。台北：聯經。

25. 羅炎（1990）。亞里斯多德。台北：傳家經典文庫。

二、英文部分

1. Cubberley, Ellowrd P. (1920). *The History of Education*. Boston: Houghton Mifflin.

2. Draper: The School of Alexandria

3. Freeman: Sparta and Althens Compared

4. Monroe, Paul (1917). *A Text-Book in the History of Education*. New York: Macmillan.

5. Plutarch: Ancient Education in Sparta

6. Thucydides: Athenian Education Summarized

參考網址

1. 蘇格拉底。（93 年 12 月 28 日）取自：
   http://home.pchome.com.tw/enjoy/ivy861/jssu/jssu1_west113.htm

2. 蘇格拉底——西方孔子（93 年 12 月 27 日）取自：
   http://home.kimo.com.tw/apf059/m.htm

3. 高廣孚。蘇格拉底。（93 年 12 月 31 日）取自：

   http://www.nioerar.edu.tw/basis1/693/a33.htm

4. 蘇格拉底式對話。（93 年 12 月 31 日）取自：

   http://residence.educities.edu.tw/psydanny/column/column6.htm

5. 亞里斯多德哲學中的批判性思考。取自：

   http://web.ed.ntnu.edu.tw/~t04008/pchome/frontpage/aristotle.html

6. 教育&學習網

   http://www.bud.org.tw/question/Que_Education99.htm

第二章

古羅馬時代的教育

古羅馬時代的歷史與政治

壹、古羅馬時代（西元前五〇九至四七六年）

　　羅馬在西元前一千年時還是個小村落，但因它地處南、北交通的要道上，又近漁鹽之利，後來就逐漸發展成一個人煙輻輳的城市。西元前七五〇年，有一批伊特拉士坎人（Etruscan）入侵，占據了羅馬，引進了冶金技術，並建立一個小王國。直到西元前五〇九年間，拉丁人才起來推翻了伊特拉士坎人的統治，但是卻承襲他們的政治制度、宗教觀念、祭儀及字母文字，且分別建立了好幾個城邦，羅馬城就是其中之一，以羅馬為中心的歷史便就此揭幕。

貳、共和政治

　　羅馬人自伊特拉士坎人手中獲得完全的自主權後，除保留「元老院」（senate）以外，揚棄了原來的王政制度，而改行共和政體，每年由公民大會推選兩位任期一年的「執政官」（con-suls），實際負責軍民的行政。元老院仍保留為重要立法機構，元老為終身職。西元前四五一至四五〇年間，《十二銅表法》（Twelve tables）公布，變成羅馬法律的基礎，至此公民受到法律的保護，政治地位因而改善。後因政治勢力擴張，商業漸興，平民致富者頗多，大多貴族卻轉富為貧，社會遂產生新興階級。而元老院也已非完全是貴族的團體，而轉變成國中有財有勢者所把持。

一、西元前四九四年平民權利的增長

由於平民屢次要求政治改革不遂，而決定撤離羅馬，這種決定終於使貴族恐慌，因此對平民的政治要求讓步，讓平民選舉自己的特別保護人「保民官」（tribune）。

㈠執政官：選舉產生，任期一年，執掌城邦政務。

㈡元老院：為重要的立法機構（監督與諮議機構），元老為終身職，成員三百人，此乃羅馬貴族的會議。凡其諮議，對於處理軍國大計，效力形同法律。故羅馬主權雖在民，而實際統治者，則在貴族的元老院，平民在政治上只有義務而無權利，至多享有一表決權而已。

㈢保民官：任期一年，由平民選舉，初為兩人，後增至十人，當執政官或其他官吏對人民有不利措施時，保民官可以有否決權，只要說一聲反對，即可將之取消，享有最高監督權力。

二、向外發展

除了羅馬城邦以外，當時的拉丁平原上還有不少城邦，那些城邦結為拉丁聯盟，對羅馬採取敵對態度。西元前三三八年間，

羅馬擊敗拉丁聯盟的軍隊後，仍以友善的態度分別與各城邦訂立
同盟條約，並讓所有拉丁人都取得羅馬公民的權利。從此拉丁人
就在羅馬領導之下團結起來，逐漸向外擴展疆域，並發展成為一
個橫跨歐、亞、非三洲的大國，而地中海也變成了羅馬的領土內
湖泊。西元前二七五年，已統治全義大利，開始越過半島前進。
針對擴展的區域，其統治的方式，在於經濟剝削。故對外戰爭的
結果，使羅馬富庶。於是橫征暴斂，苛政百出。戰俘及被征服的
人民，悉被賣為奴隸，但此種奴隸每隨羅馬人之需要轉變為公
民。因此羅馬人雖因征戰而逐漸消減，但因同化外人，臣民與奴
隸轉變為公民，公民的人口，亦獲得彌補。

　　羅馬之所以能大有作為，是因其政體富有彈性；而軍事組織
亦為主要憑藉。採馬其頓人訓練軍隊的方法，以「方陣式」
（phalanx）將拉丁平原上的純樸農民編組成剛毅堅強的羅馬軍團
（約八千名步兵組成，再分為百人團，所有羅馬公民必須從軍，
役齡從二十七至六十五歲）。

　　㈠向南：在征服北部的伊特拉士坎人和南部的希臘人，統一
　　　　義大利半島後，為與迦太基人（Carthage）爭奪西西里島
　　　　為起點，發生三次的布匿克（Punic）戰爭（西元前二六四
　　　　至一四六年）。

　　㈡向東地中海擴張：西元前一九○年，因為敘利亞王國向小
　　　　亞細亞侵略，羅馬藉口保護弱國，出兵擊敗敘利亞王國，
　　　　迫其割地賠款。西元前一六八年，擊滅馬其頓，沒收王家
　　　　產業，並擄十五萬馬其頓人為奴。西元前一四六年希臘被

滅，同年埃及與羅馬訂同盟條約，成為羅馬附庸。

㈢向西：西元前四八年，凱撒征服高盧和英格蘭。

參、共和政體的崩潰

舊日羅馬人原為勤樸的農民，只知耕田、作戰及參加宗教的儀式，故生活勤苦，非常實際。養成的民族性為嚴肅、誠實與端正。但自第一次馬其頓戰爭（西元前一九七年）以後，希臘與東方的文化技藝，傳入羅馬，於是羅馬人固有的宗教與風俗習慣發生變化。尤其貴族每好虛榮，欽羨外國人且從而模仿之。拋棄其傳統的勤儉德性，一變而為奢侈浮靡的風氣。舊日家教，已蕩然無存。頹風影響，社會糜爛。昔日羅馬人民，多為自耕農，係羅馬的主幹分子；其後因穀物日多，穀賤傷農，他們乃出售田地，離鄉背井，到處漂泊，此破產農民的子孫，紛紛到城市謀生。被征服國之人民，後經主人解除其奴籍，歸化為公民，聚集在城市之中，漸取代舊羅馬人的地位，但此等新平民階級，卻賴政府的救濟而生活。國家的選舉，每靠此輩困窮懶散之人投票而得，賄賂公開，選政腐敗，元老因習染奢侈而墮落，軍隊風紀蕩然，大將跋扈，元老政治一變而為軍人政治。有力者募軍植勢，軍隊歸於私人，終於演變成內戰。

百年革命與軍人爭權（西元前一三三至三○年）

由西元前一三三年以後一百年間，為羅馬擴展領土的軍團中

占多數的農家子弟，回鄉後所見，竟是家庭破產與失業。自然非常不滿。貴族與平民逐漸分兩黨，兩黨各與握有軍權的軍人結合後，義大利半島上產生無數的變亂，終於使羅馬政治面目全非。後來史家將此一百年的變亂統稱為「百年革命」（A century revolution），也就是羅馬由共和過渡到帝政的變亂時期。

(一) 獨裁政治之始

社會問題不能以和平的立法方式來解決時，貴族和平民就分成兩黨，相互仇殺。

首先假民眾推戴而藉軍隊力量抵制元老院，採取專制國政的是平民黨軍人馬留（Gaius Marius），其後貴族黨軍人薩拉（L. Cornelius Sulla），又在遠征東方勝利，回至義大利半島後，也領兵攻入羅馬，大肆屠殺平民黨人，並建立三年的獨裁政權（西元前八二至七九年），是羅馬獨裁政治之始。

(二) 第一次三雄專政

1.龐培（Pompey）

曾是薩拉的一個熱心黨人，在薩拉逝世後數年間仍與元老院合作，西元前七七年受命往西班牙平亂，歸來後與克拉蘇合作平定了以斯巴達喀（Spartacus）為首的奴隸戰爭。

2.克拉蘇（Crassus）

也曾是薩拉的熱心黨人，以收買被宣告為公敵者的財產而致巨富，西元前七一年平亂後，即以武力懾服元老院的反對，當選執政官。

3.凱撒（Julius Caesar）

出身於沒落的貴族家庭，他的姑媽嫁馬留，他自己又娶金那之女為妻，與平民黨淵源甚深。西元前六○年與克拉蘇、龐培結為政治聯盟，史稱第一次三頭政治（The First Triumvirate，或譯前三雄）。

西元前五九年，凱撒當選執政官，繼則出征高盧（Gaul）獲得軍權。在羅馬凱撒是一成功的政治人物；在高盧則又表現為一卓越的軍人。他在高盧作戰七年，除將日耳曼人驅於萊茵河左岸以外，並曾兩度渡英格蘭海峽（西元前五五至五四年）用兵不列顛，將英格蘭和柬全萊茵河的廣大地區，包括今日法國和比利時的疆域併入羅馬版圖。

當凱撒在高盧繼續完成他的征服事業時，克拉蘇於西元前五三年在兩河流域，與安息人一次戰爭中兵敗被俘遇害。龐培則隨即與極端的元老黨人合作，削弱凱撒勢力，於是羅馬又有一次大規模的內戰發生。西元前四九年，凱撒領兵南下義大利半島，擊敗龐培等人的軍隊，龐培出亡埃及，為埃及王托勒密十二世（Ptolemy XII）的臣下所殺。凱撒追至亞歷山大港，於西元前四七年

殺托勒密十二世。埃及女王克麗奧佩特拉（Cleopatra）受凱撒眷戀，與羅馬政治開始發生密切關係。

凱撒樹立了個人的獨裁政權，從他平定義大利到遇刺（西元前四九至四四年）不過五年，其中四年轉戰於地中海各地，但他在短短數年間畫定了未來羅馬政治的形式，他是羅馬帝國的肇始者，亦可算是羅馬帝國第一位皇帝。

他在政治上有許多建樹：

公布新的稅則，禁止稅吏的勒索；派遣破產失業的人民，前往人煙稀少的地區墾殖；讓高盧、西班牙等地的城市居民享有羅馬公民權；指派高盧人及其他義大利人進入元老院，促進各地的羅馬化；興建各種工程，增加人民就業的機會；廢除原有的舊曆，改用埃及傳來的陽曆。凱撒推行的各種改革，雖博得一般人民的愛戴，但獨裁的作風也引起有些人的厭惡，西元前四四年被對他不滿的元老包圍刺死。

(三) 第二次三雄專政與帝政的成立

凱撒的逝世，使羅馬再遭逢十多年的動亂。安東尼（Mark Antony）是凱撒的追隨者和首要的幕僚之一，試圖繼承凱撒的地位，但遭遇屋大維（Octavia）與西塞羅領導下的元老院反對。

屋大維為凱撒外甥女之子，是凱撒遺囑中指定的養子和繼承人，凱撒遇刺時，正奉命出巡希臘等地，聞訊急返羅馬，西元前四三年當選為執政官，時年十九歲。

與安東尼和解並與凱撒另一僚屬雷比達（Marcus Lepidus）組

成第二次三雄專政，分治羅馬各省。

　　後三雄分治之局結束，政權完全落入屋大維手中，此時元老院已成諂媚奉承的機構，西元前二七年元老院向屋大維進奉「奧古斯都」（崇高神聖）的封號，羅馬事實上成為帝政。

肆、羅馬帝國

一、全盛時期（西元前二七年至西元一八四年）又稱「羅馬和平」

　　元老院除了向屋大維進奉「奧古斯都」的封號之外，並給予「第一公民」的頭銜，以元首、執政官的名義執掌全國行政。以「總司令」名義掌全國兵權，更以「祭司長」（pontifex Maximus）名義享有解釋法律、習慣等特權，於是全國軍、政、司法等大權都集中於屋大維一人手上，實際上成為羅馬人的皇帝。

　　奧古斯都執政時期，西元前二七年至西元一四年除一次派兵出擊萊茵河以北的日耳曼蠻族以外，大部分的時間只派兵駐守邊防，不再從事遠略，羅馬人首次享太平之樂。

　　除繼續凱撒改革外，更裁汰冗兵，授田戰士，改良稅制，嚴禁貪汙，改革省政。尤以改革省政與稅制改良最重要。定各級官吏俸給，嚴禁貪汙勒索，更親自監督，使政風清明。

　　西元前九年羅馬元老院為紀念奧古斯都和平建設的功績，特在羅馬廣場中興建一座雕刻精美的「和平祭壇」。此後半世紀帝

位均由奧古斯都家人繼承，四傳至尼祿（Nero，西元五四至六八年），由於行為乖張、任性暴戾，致引起數省總督叛變（高盧、西班牙等），元老院也指斥其為「公共敵人」，同年尼祿自殺而死。其後元老院特選一元老尼爾瓦（Nerva）為帝，此後有圖拉真（Trajan）、哈德良（Hadrian）、安多民（Antonius）、奧里略（Marcus Aurelus）等五帝，統治期間，羅馬文治武功均興盛，史家稱「五賢君」。

在羅馬和平的兩百多年中，西起不列顛群島，東至兩河流域，北達多瑙河與萊茵河，南迄撒哈拉沙漠，都在羅馬帝國同一的法律與政府統治之下，商業興盛、文教蔚起，使節遠至印度，商旅東通中國，成為羅馬帝國的黃金時代。

然而貴族生活奢靡，金錢外流，幣值日貶而影響民生，加上重兵在外，將領跋扈，操控帝位繼承，成為亂源。

二、中興時期

戴克里先（Diocletia，西元二四五至三一三年），因為軍隊擁戴而即帝位，南征北討，掃除群雄，重新統一帝國，推行各項改革：

㈠由於兵燹破壞，義大利半島殘破，帝國重心東移。戴克里先長期駐蹕於小亞細亞境內，親自指揮對波斯作戰，另派馬克西米安（Maximian）駐在義北的米蘭，專理帝國西部各地的政務→建肇帝國東西分治之端

㈡推行省政改革，削弱各省總督權力。

㈢實行幣制改革，頒布限價法令，嚴禁商人囤積居奇。

伍、羅馬帝國的分裂與滅亡

一、分裂

西元三五〇年戴克里先倦勤退休，因帝位爭奪，帝國重新陷入內戰：

(一) 君士坦丁（Constantine，西元三〇六至三三七年）

君士坦丁削平群雄，統一帝國，銳意整飭，阻止帝國的崩潰。因為帝國經濟文化重心已移至東方，所以擴建拜占庭為新都，西元三三〇年改名為君士坦丁堡。自此帝國產生新、舊兩都，開啟了分裂之肇端。

(二) 狄奧多西（Theodosius，西元三九五年）

狄奧多西臨終時，以多瑙河，亞德里亞海為界，將帝國領土分為兩半，分由兩子阿卡第（Arcadian）與韓諾留（Honorius）繼承為帝，阿卡第定都君士坦丁堡，稱東羅馬帝國；韓諾留在西半部，稱西羅馬帝國，自此以後東西羅馬帝國不再復合。

二、西羅馬帝國滅亡

西元四七六年日耳曼人入侵，導致西羅馬帝國滅亡，並進入

歷史上的黑暗時代。因為實質的滅亡已是多年的事實，所以當時的人並不感覺其重要。

㈠歐洲古代文化的命運漸為日耳曼人所操持，即古代文化的曙光初雖因日耳曼人入侵和帝國政府的摧殘而漸呈黯淡之象，進而淪入於歐洲史家所謂的黑暗時代。數世紀以來，希臘文化、羅馬文化和基督教文化等三大要素的融合成果，到帝國時代已被專制君主弄成再無發展餘地。現在加上日耳曼文化的要素，使古代文化有再生和新生的可能，近代文化之所以如此豐富，如此進步者，皆有賴於此種要素之增益，所以西元四七六年實為人類文化命運的轉捩點。由羅馬人所保存和擴張的古代文化轉到日耳曼人手裡，我們便由古代史走到中古史範圍。

㈡西元四七六年以後，歐洲由唯一帝國漸漸發展成許多自由的城邦和民族國家，所以從政治方面而言，亦有其重大意義。

三、羅馬帝國的滅亡

這一直是歷史學家、社會學家、經濟學家、哲學家乃至心理學家等不斷討論的題目，也是一個非常重要的問題，各個社會也都希望能夠得到殷鑑。羅馬的崩潰，並非一夕所致：奴隸的負累，橫征暴斂；連年征戰，人口減少，軍隊零落；蠻族入侵，徵募蠻民為軍，難於節制；加以基督教認為羅馬是異端，信徒追求另一世界，而沮喪其意識，由於此類積弊之侵蝕，千瘡百孔，非

土崩不可。

㈠軍事方面：其衰落始於三世紀，軍人追逐權力與財富，變為政爭主力，不再能善盡捍衛帝國的職守。三世紀後主要兵源仰賴蠻族，很多家庭子弟不願意當兵，軍力恆感不足。

㈡政治方面：混亂和專制改革，人民失去了政治權力，便趨於政治冷感，失去積極精神。

㈢社會與經濟方面：自奧古斯都以來，義大利的人口增加率即有降低之勢。西元一六六年以後瘟疫流行，尤為嚴重。農業生產減少，經濟繁榮不能維持，人民生活水準降低。

㈣精神與心理方面：如基督教的興起，使人民轉移精力於來世，喪失了公民精神。

東羅馬帝國之所以能在艱難環境中持續一千多年，其原因為：

㈠有效率的文官行政：中世紀時期東羅馬帝國文化水準高於西方，在西元六○○年至一二○○年間，東羅馬帝國教育較為發達，人才眾多。

㈡有堅實的經濟基礎：君士坦丁堡本身繁榮，為國際貿易中心，控制東西方商業，財稅亦較為健全。

㈢外交與戰爭的運用：對外族以交涉談判，乃至通婚為手段。同時亦加強戰備，保持強大的力量。

古羅馬時代的社會文化背景

羅馬社會是由農人、商人、牧人、軍人及貴族共同組成，其階級可大致分為三種：貴族、平民與奴隸。其後版圖擴大，人口增加，社會經濟生活發生重大的變遷，乃產生四種階段：貴族、騎士、平民及奴隸。

貴族身分世襲，為大地主及元老院之主要成員；騎士係指包稅人、富豪、商人等；平民係指一般人民，包括小農民、工匠、小商人、負責稅捐及服役之主要任務，亦有機會參加元老院，但機會極少；奴隸多係戰爭所俘虜，其中不乏知識分子，包辦所有生產活動。

但是到了帝國時期，由於戰爭之掠奪，貴族生活日趨奢靡，貧富差距愈來愈大，平民及奴隸生活備極艱苦，形成嚴重的社會問題。

壹、羅馬民族的特性與生活

一、宗教的觀念

早期羅馬人，原為半野蠻的民族，以農業為生，此外有些衣服的紡織、房屋的建築、家具的製造，極少優美的藝術或文學，

其淺陋的詩歌與戲劇，無結構、無想像，言詞也很粗鄙。其北方邊際的伊特拉士坎人，文化較高，常為羅馬人所模仿，尤其喜歡其宗教的儀式，故羅馬宗教，半為伊特拉士坎的宗教。

羅馬人的觀念是相信一切的事物皆為神的所為，但是不相信一神能支配整個宇宙，以為每種現象都存在著一種神性。每種神明各司一種自然力，禮拜就是一種娛神之事。

羅馬人所信奉的宗教，有一種具體而實用的目標，對於美育和智識生活沒有影響。家中亦承祀祖先，家長主持宗教的責任，凡生日、節慶、結婚，皆舉行祭祀的儀式。當公眾舉行祭典時，家長代表其家庭參加。

二、家庭教育

羅馬人生活最基本的單位是家庭；家庭既為社會的單位，亦為教育的中心。家庭制度最重要的特色，則為父權──在法律上有絕對控制家人而操生殺的權利。

羅馬男子多數在家庭中生活，家庭乃為最神聖的地方，全體老幼做親密的團聚。羅馬人對家庭的重要性極為重視。

兒子要絕對服從父親，在家幫助父親耕種，如遇節慶，在宗教儀式中則為父親的助手；父親住親友家亦追隨前往服侍長者；如父親為元老，特許其隨父前往元老院，坐在門口增廣見聞；在父親管轄之下，兒子儼同奴隸；父親死後兒子始獲得自由，可以全權主持家務。女子一向不自由，在家從父，父親為其擇婿，出嫁從夫，夫死從子，但尚未受奴隸的待遇；母親所占的地位與父

親同樣受崇敬，家庭的主婦可以命令奴隸、督率婢僕、照料子女、管理家事，並與丈夫出外應酬。

在生活中，羅馬婦人的地位比希臘人為高，且有較大的影響力。女子首重德性，未受任何教育，在母親的監督下學習紡織女紅之事，身處閨閣直至出嫁。

三、民族的特性

羅馬人是一個實際的運作者而非想像者，亦非一個感性者。羅馬人比起任何歷史上的民族，是最具有組織及行政的天才。由於篤實力行而無崇高的理想，他們在歷史上的使命是組織制度，故其所注意的是秩序、公共責任與英雄的愛國心。猶太人以其宗教理想，腓尼基人以商業，希臘人以藝術文學與哲學，皆依靠羅馬人建立一大帝國為傳播的工具，而貢獻於西方的文明。

四、學術思想

羅馬哲學表現出實際之精神，認為有用的哲學知識應與政治、社會倫理有關。西塞羅和奧里略（Marcus Aurelius）是斯多噶派的哲學家，此派重簡樸、自然、堅毅和追求理性的態度，與羅馬人純樸的文化背景十分契合。

羅馬人缺乏純粹科學才能，但重視實用的工藝技術，發展國家公共建設，如興建寬大馬路、浴池、排水道、劇場與神廟等，成就侷限於工程與公共事務的組織方面。

羅馬人重視的是文藝的實用性而非文藝的價值，尤其是欣賞

說理、諷刺政治與歌頌國家光榮的文學作品，如史詩、歷史、演講文等。初期藝術缺乏創造力，不論是雕刻、繪畫或建築，大體以抄襲希臘作品為主，直至共和國時代晚期的人像雕刻才可稱具有羅馬風格。

　　羅馬文化對歐洲文化貢獻最大者當推法學。尤其是在公法、私法方面的法學貢獻。羅馬法為歐陸各國法律基本原則的發展奠定了法學的基礎。除了法律以外，拉丁語是中世紀歐洲的國際語言，深深影響了現代歐洲各國文字的形成；再者羅馬的文學、雕刻，以及強調權力與雄偉象徵的建築，亦在歐洲各地矗立。

貳、羅馬希臘化

　　羅馬人素重尊親愛國之觀念，崇尚權威、講求效率、追求現實權勢、對政治興趣極濃、富行政及組織天才，與雅典唯美、愛幻想之民族性大異其趣。

　　他們給後人最著名的成就就是在法律及建築方面。《十二銅表法》（西元前四五〇年公布）及《查士丁尼法典》成為歐洲各國法律的根源，許多建築及工程技術上的成就仍受現代人激賞。

　　但羅馬人本身並無文學，其後受到希臘文化影響，始漸出現拉丁文學。所以歷史學家都說羅馬人以軍事征服各國，但是希臘人卻以文化征服羅馬。羅馬自從西元前三三〇年起，幾乎全面希臘化的發展是國際文化交流史上的重大事件之一。

一、羅馬希臘化的原因大約有下列數端

㈠貿易外交的需要：羅馬領域廣大，地中海都成為其內海，其與地中海岸各地區政治外交關係密切，經濟貿易來往頻繁，由於當時地中海各地區共通的語言是希臘語，所以學習希臘語乃時勢使然。

㈡希臘俘虜之傳播：羅馬知識文化未開之際，希臘文化已甚發達，羅馬征服希臘後，大量希臘文獻運至羅馬，許多有知識的希臘人也被俘虜到羅馬。他們在羅馬貴族家庭中擔任奴僕工作，等到恢復自由之後，就翻譯希臘作品或設立學校維生。其中最有名的是西元前二七二年安德龍將奧德賽翻譯成拉丁文，盛行三百多年而不衰。西元前二〇四年，恩尼斯也成為希臘語文教師，用拉丁文翻譯許多希臘戲劇。

㈢行旅自由：羅馬海內外商業繁盛，海陸交通甚為便捷，帝國境內四通八達，而且羅馬政府對被征服者採寬容政策，賦予行旅自由，希臘人才能四處雲遊，所到之處均設立學校，希臘文化乃能迅速傳播。

㈣羅馬本身缺乏文化：故須借重希臘文化，以培植自己本身的文化。

㈤學者的鼓吹：造成這種趨勢，學者的提倡鼓吹亦居功不少。比如說：西塞羅、坤體良等人。

在教育方面，羅馬本身並沒有教育或學校制度可言，最初的教育或學校制度幾乎全都是希臘人努力的產物，由羅馬人加以模仿而形成。

二、整個教育的發展大致分為三個時期

㈠傳統教育時期（西元前五〇〇至三〇〇年）：此時期羅馬未受希臘影響，只具有家庭教育形式，顯示羅馬傳統的教育本色。

㈡希臘化教育時期（西元前三〇〇至二〇〇年）：全盤引進希臘的教育及學校制度，為希臘式學校在羅馬境內蓬勃發展之時期。

㈢教育衰落時期（西元前二〇〇年至西元五〇〇年）：教育與現實生活日趨脫節，又加上政治腐敗，教育漸失生氣，所引起的弊端甚至加速羅馬帝國之分裂與西羅馬帝國的覆亡。

古羅馬時代的教育

羅馬教育，可分為三個時期：第一個是羅馬傳統教育時期，此時的羅馬與外界的接觸不廣，所以教育是由純羅馬思維與方法所控制；第二個是羅馬希臘化教育時期，這個時期的羅馬幾乎全部吸收希臘的文化，所以教育內容與方法雖非抄襲，但已希臘

化；第三個是羅馬衰落教育時期，這時候的羅馬開始帝國專制，教育文化漸失生氣。

壹、傳統教育時期

一、教育背景

在西元前三○○年以前，羅馬幅員不大，與外界接觸未廣，係純樸保守的農業社會。家庭是當時最基本、最重要的社會組織，農耕及打仗是公民的主要任務。對正式教育的需求並不十分迫切，故始終未建立正式的教育組織與制度，完全以家庭教育為主要型態。

二、教育目標

在農業社會中，教育最主要就是灌輸孝順、服從、勇敢、勤勞等美德，以培養愛國尊親、崇法尚實的好子弟，成為一個忠心的羅馬人。

三、教育制度

在西元前五○○年可能已出現正式學校，唯全係私立學校，不論在內容或設備方面，均不足與貴族人士所提供的家庭教育相媲美，故正式學校實不具重要性。家庭是最重要的教育機構，父母即是教師，負教育子女的全部責任。一般情形是父教其子，母

教其女，父親訓練其子為成人與公民的責任，母親則培養其女為婦人及主婦的責任。某些家庭也有教僕，由奴隸擔任教育子女的工作。

四、教育內容

　　除了讀、寫、算以外，更授以《十二銅表法》及倫理道德觀念。在算的方面，也使用羅馬人常用的算盤。在倫理道德方面，有德目的背誦；羅馬長輩經過歲月的累積，產生許多適應生活並過快樂生活的格言，編成簡短有力的詞句讓孩童背誦。至於文學、詩歌、藝術、科學與哲學一類的課程較為輕視。一般而言，貴族子弟通常要學會騎馬、拳擊、游泳等技術，還須參與公共事務，以獲取實務經驗。女子則須熟悉家務。一般平民及奴隸則僅學習其所擔任工作所需具備之簡單技能，並不需要接受文字教育。

五、教育方法

　　是直接模仿，以模仿父母長輩的行為為主。羅馬人相信，學習任何活動，是模仿具體的模範，以形成一種習慣。當其養成了習慣，目的便算達到。一般貴族子弟於年滿十六歲及十八歲時，常由家長帶領在軍營、議會、集市及其他公共場所觀察實際活動或傾聽有關談論。在學校或在家庭裡，均盛行體罰。父親有絕對的權威，甚至對子女有生殺之權。

　　總之，羅馬早期的教育維持了保守部落氏族的教育特徵，教

育與實際生活並未明顯分化。此種教育方式隨政治、社會和經濟
的急遽發展,及與希臘人的接觸而有所改變。

貳、羅馬希臘化的教育時期

　　羅馬自西元前三世紀起逐漸希臘化。在約五百年的希臘化時
期,羅馬受到希臘文化及學術的薰陶,希臘的教育組織及理想也
在羅馬顯現。同時,在西元一世紀左右,隨著拉丁文化及學術的
逐漸發展而日益茁壯,教育上也發展出其獨有的特徵。

一、教育制度

(一) 初等教育:以文字學校為主

1. 招收六至十二歲的兒童,男、女童均可入學。
2. 強調讀、寫、算的能力,因羅馬商業記帳需要,故特別重
   視算術。
3. 教學步驟:首先教文字的字母,然後由口述教以讀寫,計
   算則教以指算和算盤(指算是教師用手指教年幼的兒童計
   算數目;算盤是用羅馬算盤教導加、減、乘、除)。
4. 教師均為希臘奴隸或難民,地位較低,待遇微薄,未受重
   視。
5. 教師教導學生極為嚴厲,教鞭是不可缺少的教具。
6. 學校皆由私人設立,校址多設於廟宇,或利用空地搭建的

敞棚。

(二) 中等教育：以文法學校為主

1. 招收十一、十二歲至十五、十六歲的學生。

2. 教學的課程包括文法和文學，目的是精熟希臘和拉丁文學，使羅馬青年從事演講家或是公務官吏的生活。

3. 教學步驟大約如下：由教師選擇名家作品供學生閱讀（或由教師帶領朗讀）。閱讀時特重發音、標點、修辭表達；其次再由教師解釋其中歷史、地理、哲學等有關記載，進而研究文法結構；最後對作品本身、作者風格及優缺點做一完整之評論。

4. 教師均為希臘人或曾受過教育的拉丁人。

5. 以七藝為教材，其中特重文法（希臘羅馬文學）的研究，包括荷馬作品及拉丁詩人味吉爾等人的作品。

6. 文法學校分為兩類：希臘文法學校、拉丁文法學校。一般富有人家子弟，為了使自己更傑出，就同時學習這兩種語言。

7. 文法學校極為發達：遍及帝國的每一城鎮。羅馬政府對於這些學校的設立及教學，採取放任態度。

(三) 高等教育：以修辭學校為主

1. 十六歲完成文法學校的修習後即可進入。

2. 修辭學校所教授的內容較具專業，所以也可以視為專科學

校。

3. 重要課程是：文法、修辭、論理、法律、演講、雄辯等。

4. 為準備從事政治生涯的貴族或富家子弟而設。

5. 目的在培養能服務社會的政治演說人才。

6. 青年若想繼續深造，則須前往雅典或其他希臘教育文化發達之城市留學。當時羅馬人最常前往的是雅典及羅德島，次為亞歷山大港。

二、教育目標

羅馬的初等教育以培養讀、寫、算能力，以應付生活需要；中等、高等教育則注重培養學識豐富、品德高尚、具理性判斷力及言詞優美流暢之政治演說家，以利參與政治及公共事務。

三、教育內容

初等教育以基本文字教育為主。中等、高等教育則採納希臘式的博雅教育內容（例如：文法、修辭、論理、算術、幾何、天文、音樂、體操、繪畫、建築等）。到了第四世紀由一位羅馬學者凱卜拉進一步予以刪減，後來併為七種學科，即文法、修辭、論理、算術、幾何、天文、音樂（其中四藝是算術、幾何、天文、音樂；三藝則是文法、修辭、論理）。

四、學術獎勵

(一)授予公民權：凱撒大帝及奧古斯都大帝曾將公民權授予教

師。

㈡設立講座：維斯帕幸大帝曾在羅馬設立希臘文及拉丁文的
　修辭講座，著名的修辭家由國家支付薪俸。

㈢給予特權：包括減免稅賦、免服兵役等特權。

㈣指定由市鎮支付教師薪俸：庇艾斯大帝命令各城市以公共
　經費支付若干名額的文法師及修辭師之薪俸，凡有城市無
　力負擔此項經費者，則由帝國國庫支付。

參、羅馬教育衰落時期

　　羅馬共和時期征戰連年、內戰頻繁、政爭紛起、農業凋零、
貧富差距懸殊、上層社會人士生活驕奢糜爛、平民奴隸之生活卻
艱困無助，社會道德淪喪。軍事與政府的責任全壓在自由公民身
上，民勞無度，百姓憔悴。由於連年戰爭，奴隸階層數量增加。
而自由公民為逃避公民的義務，寧願轉變身分淪為奴隸的，亦復
不少。公民分子日益減少，貧苦的奴隸充斥，是以國內空虛，國
力銳減，無法抵抗蠻族的侵略。

　　既然一個國家連最基本的食、衣、住、行都成問題的話，那
更遑論教育。所以羅馬的教育便漸漸走下坡，教育變成元老階級
的特殊利益，只求個人在社會上能出類拔萃。整個羅馬的文化教
育因為帝制的腐敗及戰爭的影響，幾乎消失殆盡。

　　羅馬社會既然日益衰退，教育自然也無法倖免。因為社會發
生變遷，於是教育開始變質，文法學校專注於研究舊經典，然而

並沒有再像以前一樣，培養學生鑑賞及感化的能力，僅注意於文體、語法及適宜的引句。而演講術不復在元老院或法庭上發表，演講者退隱於私邸或劇院，對聚集的貴族表演，好像音樂會的表演一樣。所有的學習只重形式不重內容，與現實生活脫節。修辭學校學生的目的只是為了求一部大辭典、一種綺麗的體裁、一種矜誇的演講。由此可見，其教學內容空洞與貧乏。哲學在學校中不再施教，法律也少有授課，學校的課程流於虛偽與空洞。

羅馬的教育到後來與實際生活日益脫節，無法對其政治、文化、經濟有所促進，也無法扭轉社會的頹風。痛苦的人民不得不在宗教領域謀求慰藉，以解決其現實生活的苦難。基督教在帝國末期之興起乃是羅馬政治與教育極度衰頹下的產物。

第四節
古羅馬時代教育的貢獻

在教育上，羅馬人的貢獻可分為以下四點來陳述：

一、羅馬七藝的課程流傳後世

七藝成為西方博雅教育的課程骨幹。七藝的教學使希臘人的文化結晶，經由正規的、學校的教育而綿延不絕地傳給後世。

二、羅馬人的務實精神，影響到教育的實用

不偏向於理論的教授，而傾向於實施技能的具備。

羅馬人在教育上，捨棄了希臘人重視哲學派的教育活動，而採納了修辭學派的實用教育觀。

三、法律教學受到羅馬人的重視

在西元前五世紀，就有了《十二銅表法》，供作全城邦人民熟悉法律的教材。在共和時期，教育上對政治、法律方面的教學，均相當注重。學校的理想，就是培植服務公眾的人才，而修辭、演講能力的具備，尤為公職人員所必須。熟悉法律規定者，始能有效地服務於社會大眾。

四、人文教育的引發

以算術、幾何、音樂、邏輯、修辭、文法、天文等學科實施教育，為的就是培養文化基礎博雅的演講士。這種以廣泛的文化教材來陶冶人、教育人的方法，遂奠定了文藝復興時期的人文教育思想，這是羅馬人在西洋教育史上的一大貢獻。

第五節
古羅馬時代的教育思想家

壹、西塞羅（Marcus Tullius Cicero）[1]

一、時代背景

　　西塞羅（西元前一○六至四四年）是古羅馬的演說家、政治家、哲學家，也是最傑出的散文作家。其論老年、論友誼、論責任諸篇，晶瑩澄澈，光耀千古，對歐洲文學與哲學的深遠影響，沒有任何散文作家，可以和他相提並論[2]。他的演說內容、結構組織嚴謹，其創造的文體被西方稱為「西塞羅文體」，是歷代演說家的榜樣；他是一位重要的哲學家，曾大力呼籲創造拉丁文化，建構羅馬人自己的哲學，為後世留下了一批重要的哲學著作。

(一) 雄辯術起源於希臘

　　羅馬的共和時期，雄辯術在政治生活中曾起了巨大的作用，它是爭取民眾，擊敗政敵的重要工具。到了共和末期，它的重要

1　本文係由謝玉鈴、何昕曄、賴明詩整理而成。
2　邱言曦譯（1978）。西塞羅三論：老年、友誼、責任。台北：黎明。頁 1。

性逐漸消亡，隨著帝制的建立，雄辯術也逐步失去了其存在的價值。但是卻在另一種涵義下，繼續為帝國效勞，成了有教養的羅馬人的標誌或代名詞。

(二) 西塞羅生活的年代正是這個時期

西塞羅的雄辯家教育的理論不僅順應了時代的要求，不僅來源於現實生活，而豐富了雄辯教育的內容，使其更加具有理論意義[3]。政治在古希臘羅馬人的生活中所占據的地位，遠比在現代人的生活中所占據的地位更重要。有公民權的人們極其重視參與政治的權利，這就構成他們參政的主體。其中的一些緣由大致是因為那時的社會是建立在奴隸制的基礎上，公民的人數較少，他們有充分的閒暇，也有迫切的必要性從事政治，他們也能感到自身的參與對國家確實起著重要的作用，尤其是對於某些具有政治智慧和才華的人物來說，他們比較容易在這較小的群體中展露才華，自己能得到較直接的了解和較公允的評價，他們因而也對這一緊密的政治共同體及其傳統有著相當深厚的感情和責任感，這一切都使古代人比現代人具有更高的政治熱情。所以，生活在那樣一個時代，西塞羅認為「政治高於哲學」也就不會讓人覺得奇怪了[4]。

3　F. A.哈耶克。自由秩序原理 www.iwep.org.cn/chinese/mingzhu/zyzxyl/ziyzx.html

4　何懷宏。政治的荊棘與哲學的冠冕 http://www.ongfa.com/hehhxisailu.htm

二、西塞羅生平概要

西塞羅出生於阿爾皮諾，位於利里斯河的東岸，這個小鎮的居民自西元前一八八年以來就獲得充分的公民權。

西塞羅的家庭是富有又有教養的騎士階層，西塞羅聰明且勤奮向學。西塞羅的老師出自各門各派，有一定的聲望。法律、修辭和哲學是當時羅馬貴族青年實現政治理想的必修課。為了能擔任公職，西塞羅長期追隨斯卡沃拉學習法律。在哲學方面，他首先跟著斐德羅（約西元前一四〇至七〇年）研究伊壁鳩魯主義，他對西塞羅有很多的影響。但是，伊壁鳩魯學派主張遠離社會找尋心靈的安寧，這對當時的西塞羅來說是不能接受的。西塞羅的出身雖然談不上高貴，但是有強烈的政治抱負。西元前八八年，學園派的拉利薩人斐洛（約西元前一六〇至八〇年）由於米特拉達特戰爭的爆發，從雅典來到羅馬避難。西塞羅受他的影響，很快接受了學園派的哲學思想，就再也沒對伊壁鳩魯學派表示過好感。然而，西塞羅的哲學教育並未結束。斯多噶學派的狄奧多圖是他家的常客，還在西塞羅的羅馬寓所裡住了很長時間，直至西元前五九年。西塞羅從狄奧多圖那裡學到了很多邏輯知識，也發現了斯多噶學派的好處，但他沒有拋棄學園派，而是試圖在各種哲學觀中做出他自己的選擇。

大約是在西元前八四年，西塞羅開始從事實際的法律事務。西元前七九年，西塞羅突然離開羅馬，到雅典去與他的兄弟和姪女一起度長假。西塞羅開始從事實際的法律事務。西元前七九

年，西塞羅自己解釋說，是因為勞累過度，傷了嗓子。西元前八〇年或七九年，即他赴雅典期間，他同特倫提婭結了婚。他們的女兒圖利婭生於西元前七六年左右。在雅典，西塞羅向學園派的安提俄庫斯學習哲學。安提俄庫斯反對學園派的懷疑主義，堅持獨斷論，想要把學園派的學說與斯多噶學派、亞里斯多德學派的學說結合起來。

　　此時他的政治野心又再度復活，於是又赴羅德島向修辭學教師摩洛學習。在那裡，他認識的一位羅馬律師魯提斯留‧魯富斯，讓他留下深刻印象。他還在那裡繼續向波塞多鈕學習哲學，他稱此人為最偉大的斯多噶派哲學家。

　　西元前七七年，西塞羅返回羅馬，重操律師舊業。由於他很聰明，所以很快成了羅馬最傑出的律師和演說家。他年輕時被人們視為最優秀的羅馬演說家及羅馬詩人，但他保存至今的詩歌只有一些殘篇。現代學著們認為，西塞羅雖然不是個很好的詩人，但在羅馬詩歌的發展中，他則是為後來的發展做了準備。他對詩歌風格的追求和演說風格的追求一樣，都是他哲學信念的表達，任何事物都必須以最清楚和最吸引人的方式表達，以便使最可能的真理可以在最後顯現。

　　西塞羅的政治生涯從他競選公職開始[5]。西塞羅的家族成員無人擔任過這些職務。所以他的仕途艱辛。

　　當時參加競選財務官的年齡要求是三十歲，西塞羅於西元前

5　羅馬政府有四種高級公職：財務官（quaesto）、市政官（aedile，或譯營造官）、執法官（praetor）、執政官（consul）。

七六年當選這個職務。

當選財務官的具體工作是抽籤決定。西塞羅受命前往西西里負責監管向羅馬運送穀物的事務。一年任滿後，他返回羅馬重新當律師。

西元前七〇年，他謀求市政官之職，以高票當選，擔任此職直至西元前六九年[6]。

西元前六六年，西塞羅當上了執法官。這個位置的主要工作是法律事務，但擁有此職位者也可能被派往外地擔任行省總督。西塞羅沒有去外地，仍舊留在羅馬處理法律事務。

西塞羅於西元前六三年當選為執政官，時年四十二歲，為擔任此職的最低年齡。

西元前六二年，他在主持當年的執政官選舉期間，成功地處理了所謂「喀提林陰謀」事件，受到元老院和羅馬市民的熱情讚揚，被譽為「祖國之父」，他那些抨擊喀提林的演說詞流傳至今。

西元前五三年，西塞羅擔任了占卜官，這個職務的職責是解釋神意和徵兆。儘管私底下他可能懷疑這些東西的價值，但他還

---

6 這個職務設於共和初年，負責監督城市建築、公共場所的安全以及一般的城市秩序，管理市場，維護公共衛生，組織公共娛樂競賽活動等。這是個花費很大的官職，擔任這個職務的人要自己出資做這些事。凱撒曾經由於擔任這一官職而把整個家當花光。西塞羅自稱在這一任上沒有花多少錢。他經濟不富裕，因此他只能用誠實的工作來獲得好名聲。普羅塔克說他得到了那些感恩的西西里人的幫助。他的政績使他有可能獲得更高的職位。

是履行了公務。

西元前五一年，他服從了元老院的指令，去西里西亞當了一年地方總督。

西元前四六年，西塞羅完全脫離了政治事務。當時羅馬政局發生劇烈動盪，凱撒已經掌握國家最高權力，成了實際上的獨裁者，共和派人物則在醞釀推翻凱撒的獨裁統治。西塞羅沒有參與推翻凱撒的實際活動，而是埋頭寫起書來。他從現實政治活動轉向哲學著述的原因是多方面的。

他個人生活上遇到的不幸與他對政局的失望全在同一時間。他與妻子特倫提婭發生激烈爭吵，最後以離婚告終；第二次婚姻也是一個失敗；他的愛女圖利婭也死去了。為了醫治心靈的創傷，西塞羅沉浸在哲學研究中，短期內寫出了一大批哲學文章。

西元前四四年三月，以布魯圖為首的共和派人士刺殺了獨裁者凱撒。西塞羅沒有立即返回政壇，而是繼續寫他的書。凱撒被刺以後，他的部將安東尼成了軍事領袖。他成為凱撒的繼承人，要為凱撒復仇。布魯圖等共和派領袖都逃亡到東部一些行省去組織武裝，準備一場鬥爭，而西塞羅卻於同年九月返回羅馬，希望能在元老院和屋大維支援下挽救羅馬共和制度。不幸的是，屋大維也想繼承凱撒的事業。他於該年十一月拋開元老院，與安東尼、雷必達結盟。一大批共和派人士以及被三巨頭所猜忌的人被列入「公敵名單」，其中第一名就是被安東尼視為死敵的西塞羅。年底，西塞羅被捕殺。據說，在被捕時，他還在讀歐里庇得斯的劇本《美狄亞》。

三、西塞羅的哲學思想

古典理性主義是希臘哲學的精髓。羅馬共和時代晚期，羅馬人已了解哲學且對它產生實用的興趣，即重視完美品德和行政管理；他們也用理性來思考，但只用在實用目的補充上。西塞羅即反映此種精神文化的特徵。

西塞羅的哲學修養使他能將拉丁哲學詮釋得淋漓盡致、唯妙唯肖。他這種修養能力是從年輕時就開始學習的，在忙碌的事業中也不會忘了學習；晚年時，意識到須擔起拉丁哲學的重任，其作品皆具有影響力，尤其是《圖斯庫蘭討論集》。他說：「我的觀點是這樣的：所有技藝的體系和指導方法都受制於智慧的學習，而學習智慧以哲學的名義進行著，透過用拉丁文撰寫哲學以推進這種研究是我義不容辭的責任；這樣做不是因為向希臘作家和教師學習哲學是不可能的，而是因為我堅信，我們的同胞在每一方面，獨立發現和改進從哲學人那裡接受的東西，都比希臘人顯得更有智慧，至少他們都認為在這些方面值得努力[7]。」「哲學現在受到冷遇，因為拉丁文學沒有給它帶來光明。我們必須照亮它，給它活力。如果說我在過去繁忙的時候也在為我的同胞們服務，那麼在我閒暇之時也同樣能為他們服務。我必須竭盡全力，因為現在已經有一些拉丁文的書寫出來，但也很粗糙，這些作家的資質還不夠當此重任」[8]。

7　西塞羅。圖斯庫蘭討論集。第 1 卷，第 1 節。
8　西塞羅。圖斯庫蘭討論集。第 1 卷，第 6 節。

哲學是民族文化的核心，所以西塞羅充分意識到發展拉丁哲學的重要性和緊迫性。他說：「我想，為了民族的利益，我必須喚起我們的人民對哲學的興趣。在我看來，對我們民族的尊嚴和名聲來說，這是一件極為重要的事情。這樣重要而又有價值的主題拉丁文獻應當有它的地位[9]。」當在學習哲學時，他期望人們能掌握各種全面向的哲學以致力於寫作。因如果沒有掌握大量的哲學知識就不能從中學習、選擇，且不會以相同的方式去掌握其他的哲學知識。

　　希臘人說過想用許多作家的著作塞滿整個圖書館，進而期望用書本塞滿整個世界。西塞羅夢想著某天拉丁哲學能超越、取代希臘哲學。他認為我們這裡如果也有大量的作家進行這些研究，那麼也會有這樣的結果。如果我們能夠的話，讓我們激勵那些受過自由教育和擁有準確論證能力的人去有序地、講究方法地研究哲學問題[10]。

　　西塞羅從社會生活中找尋哲學的來源，也追溯哲學和哲學家這兩個概念的歷史涵義，他說：「我認為，蘇格拉底以前好幾個世紀，一切現有哲學的源頭都與生活和行為有關。」[11] 希臘哲學為創建拉丁哲學的借鏡，只要有適當的時機就會取用希臘哲學的各觀點，來找出希臘哲學的缺點並作為建構拉丁哲學的資料。如

9　西塞羅著，石敏敏譯（2001）。論神性。香港：漢語基督教文化研究所。第 1 卷，第 7 節。

10　西塞羅。圖斯庫蘭討論集。第 2 卷，第 6 節。

11　西塞羅。圖斯庫蘭討論集。第 3 卷，第 8 節。

此作為是西塞羅的哲學著作成為我們研究希臘哲學的來源。認真體驗西塞羅的社會文化環境,這是中和及了解拉丁哲學的必經階段。

在西塞羅的時代,有斯多噶學派、伊壁鳩魯學派及學園派,因柏拉圖和亞里斯多德的知識理論在當時已經失去吸引力,人類追求絕對化的知識之熱情已經消退,甚至,連學園派的傳人也都放棄柏拉圖哲學中的絕對主義傾向,從而發展出一種關於可能性的學說。所以造成斯多噶學派和伊壁鳩魯學派在羅馬的支持者最多,學園派和亞里斯多德學派的支持者較少。西塞羅從眾多的學派中選擇了學園派的懷疑主義,因此種主義和他的拉丁哲學最接近,在研究的過程中,他對各種哲學觀點進行考察且比較出各種學派中最優秀的東西。在這樣一個以拉丁文化為本位,將希臘哲學引入拉丁文化的過程中,他對什麼是哲學、哲學的功能、哲學的部門等問題提出自己的看法[12]。

哲學是什麼,它和人類、社會與個人生存發展有怎樣的聯繫,價值何在;哲學自身發展存在的基礎、條件、方式等等。是作為人類最高的認識層次、最普遍思維方式的理論學科。哲學觀的問題並非是現在科學家所思考的問題,而是所有哲學家多多少少都會涉及的問題,他們得到什麼是哲學的答案、哲學有何用處的問題,藉此肯定自己的哲學價值。他贊同柏拉圖的說法,認為哲學是神賜的禮物。他曾說過:「在我看來,更加著名的勞作的

---

12 西塞羅著,王曉朝譯(2005)。西塞羅全集(卷一):修辭學。台北:左岸。頁 35。

領域似乎也不能不受神的影響，我必須說，詩人傾訴出他的讚歌
怎能沒有來自上天的靈感，雄辯而又滔滔不絕的言詞和豐富的思
想又怎能沒有某些更高的影響。至於哲學，一切技藝之母，又怎
能例外地不是諸神的發明呢？柏拉圖說它是神賜的禮物，我也這
樣認為。它首先指導我們崇拜諸神，其次教我們植根於人類的正
義，最後教我們靈魂的節制和高尚，從而驅除矇蔽心靈的黑暗，
使我們看到所有天上和地下的事物，看到最先出現和最後出現的
事物以及位於兩者之間的事物。」[13]

　　西塞羅認為哲學有實用的價值，且對個人事務也有良師益友
的重要作用。哲學能提供人們指導完美生活的原則，對善的幸福
生活來說，哲學的貢獻比其他事物的貢獻更大。人從學習的過程
中獲得美德的知識及人格的力量。他讚美的語詞：「噢，哲學，
你是生活的指南，噢，你是美德的發現者，邪惡的驅逐者！沒有
你，我會變成什麼樣子，整個人生會變成什麼樣子？你使城邦誕
生，你使散居的個人形成共同的社會生活，你首先用共同的習俗
把他們聯合起來，然後用婚姻束縛他們，再用共同的文學和語言
把他們聯繫在一起。你發現了法律，你是道德和秩序的教師。我
到你那裡避難，我到你那裡尋求幫助我把自己託付給你。這種信
任曾經是充分的，現在則是全心全意的。」[14]

　　西塞羅將哲學當作是精神治療的一種方式，「我們談話的目
的在於鞏固國家，穩定城邦，醫治所有的人們。」還讚賞哲學是

---

13 西塞羅。圖斯庫蘭討論集。第 1 卷，第 63 節。
14 西塞羅。圖斯庫蘭討論集。第 5 卷，第 5 節。

心靈的良藥。「確實有一門醫治靈魂的技藝，我指的是哲學，向哲學尋求幫助一定不能像治療身體疾病那樣向外尋求，我們必須竭盡全力，盡一切努力使我們自己成為自己的醫生。」「我從哲學中尋求治癒我的悲傷的辦法，我認為這是消磨閒暇時光最光榮的方式。這種工作最適合我的年紀，在這個方面我可以取得的成績與其他成果不僅僅是和諧的，它還是教育我們的同胞最有用的方式，如果情況不是這樣，我不知道其他我們還能做些什麼。[15]」

　　總結哲學的功能，是洗滌心靈，消除人們心中的焦慮，以保持心靈中的寧靜與和諧。而且哲學能培養人們具有獨立自主的研究精神。哲學是治療精神擾亂的良藥，也是心靈健康的營養劑。

　　西塞羅指明羅馬人詮釋希臘傳統的道路，因為他的哲學觀是以實用性為特徵，注重希臘哲學的研究，運用他拉丁語言的精湛技巧、豐富知識，將希臘哲學中最有意義的東西呈現給羅馬世界。和其他希臘哲學家相較，沒有一位希臘哲人具有西塞羅這種鼓動宣傳和實踐的能力，也沒有一位哲人將眾多抽象哲學概念用以實踐的推動力，更沒有哪一位希臘哲人能像西塞羅一樣，以其豐富的閱歷和飽滿的生活熱情使古希臘文化的人文主義理想富有生氣，並且把它變成所有公民的實際行為準則。他的貢獻不是以一種特殊的理論豐富了希臘哲學，而是把希臘哲學拉丁化，並引向政治、法律、倫理等實踐領域，使其滿足民眾的需要。他是一位實踐哲學家。

15　西塞羅。學園派哲學。第 1 卷，第 13 節。

四、西塞羅教育思想

　　羅馬本是一個崇尚公共道德的國家，在教育上尤其重視雄辯術的培養。辯論是共和政體的基礎，沒有辯論即沒有共和[16]。此外，「人文研究」（the study humanities）的觀念源於古羅馬，特別是西塞羅，他的教育理想因十四世紀義大利人文學家的解釋與宣揚而復甦，並且對知識分子以及義大利平民的公共活動行為產生強大的影響[17]。也正因為如此，古羅馬這位集合演說家、政治家、哲學家及散文作家為一身的西塞羅對古羅馬的教育思想影響深遠，對於教育思想尤其有他的一套理論。西塞羅是羅馬共和後期的政治家，拉丁散文文學的主要代表，也是羅馬重要的教育思想家。西塞羅的教育思想主要反映在他的《論共和國》、《論善惡的定義》和《論雄辯家》等著作中[18]。

　　西塞羅的《論雄辯家》的核心即為雄辯家的培養。西塞羅認為政治比哲學更重要，且更具意義，所以他的教育思想多少也都加入了一些政治思想，他認為教育的目的就是要培養政治家及演說家，而優秀的雄辯家方能成為政治家，且雄辯家須了解雄辯術的規則。他認為雄辯家應當具有修辭學方面的特殊訓練。如果僅僅具有廣博的知識，而無表達知識的能力，那麼，知識便是無用

<hr>

16 magazine.ssreader.com/mana2.aspISSUE=12&ID=274

17 書籍編纂：劉增泉 副教授・鄭宗賢 網路製作：鄭宗賢、張志強、楊瑩華。http://www.2.tku.edu.tw/~tahx/lau/list02.htm

18 北京大學哲學系編（1981）。西方哲學名著選讀（上卷）。北京：商務印書館。頁 55。

之物。雄辯家與一般博學之士的不同之處在於，他不僅具有知識，更具有使知識充分、生動地表達出來的能力[19]。由此觀點，西塞羅說明了教師即是演說家，亦即需要有優美的文辭、出口成章等能力。而西塞羅對於修辭學方面也非常重視，認為雄辯家需要有修辭學的方面的訓練才能得以說出優美的辭句，將所得知識以完美的表達方式呈現出來。

西塞羅進一步提出了以「人道」為教育理想的主張。所謂人道，是指為人之道。而要盡為人之道，他認為，必須具備三個方面的條件：1.必須充分發揮人之所以為人的特點；2.以同情、仁愛、禮讓等規範處理人與人之間的關係；3.只有具有文化修養的人才能稱作人，因為只有他們才能盡人之所以為人之道。因此，教育工作必須高度重視道德品格的培養[20]。西塞羅主張以「人道」為教育思想，西塞羅曾說道：「我們所謂的人，是具有預見性、靈敏性、綜合力、機智力，是富有記憶力、充分的理性和深謀遠慮的動物。」[21]此正是西塞羅所謂「人」的特點，也正因為人道的教育思想，讓羅馬的教育受影響甚深，西塞羅強調的教育主要在於人類道德品格的培養，其實這正也是一般教育中需要注意的，因為若沒有道德，一個人受再高再多的教育都是徒然。

---

19 張斌賢等著（1994）。西方教育思想史。成都：四川教育出版社。頁165。

20 同註19。

21 http://www.eschina.bun.edu.cn/dongtai/shownews.
洪霞、姜守明關於歐洲文化與素質教育的反思

五、對後世的影響

　　西塞羅最大功勞就是把希臘哲學移植到拉丁世界，用拉丁語來創造哲學的術語。最早把拉丁語變成傳達思想所必要武器的是他，在這種意義上來看，他是次於亞里斯多德，成為中世哲學最重要的教師[22]。

　　西塞羅是古羅馬的一位重要的歷史人物，他不僅是一位傑出的散文作家，而且是一位才幹超群的政治活動家，他對於古代羅馬的教育有著重要的貢獻。他是雄辯術教育的積極倡導者，他的《雄辯術》，是古代有關雄辯教育最重要的著作之一[23]。

　　西塞羅主張順乎自然，要人們服從自然所安排的命運，他還宣揚「節制慾望」，並希望由此得到「心靈上的快樂」。西塞羅在哲學上的最大貢獻是：他以生動的語言將希臘的哲學思想通俗化，從此便利了羅馬人對希臘思想的了解，促進了羅馬自身哲學的發展[24]。

　　西塞羅一生撰寫了大量著作，絕大部分保存至今。他現存著作總量的六分之一是修辭學著作，三分之一是演說詞，三分之一是書信，還有六分之一是哲學著作。古希臘人對運用語言的技能十分重視。他們認為，有無運用語言的技能是一個人有無智慧的

22　張正修（2005）。西洋哲學史（一）古代希臘與中世紀哲學。台北：台灣教授協會。頁 391。

23　www.iwep.org.cn/chiese/mingzhu/zyxyl/ziyzx11.html 自由秩序原理

24　http://zhjyx.hfjy.neet.cn/Resource/Book/Edu/JXCKS/TS010022/0037_ts010022.htm

重要標誌。在羅馬共和國的政體下，能做生動有力的演說是從政的一個重要條件。因此在共和時期的羅馬，有志於政治活動的人都很講究修辭學和演講術。

西塞羅是羅馬歷史上最著名的演說家和散文家。他知識淵博，雄辯滔滔，妙語如珠，用詞得當，達意適切，傳情得體，通達曉暢，音節勻稱，韻腳和諧，平仄相對，交替錯落，宛如珠走泉流，能抓住聽眾的情緒任意發揮。他留存至今的五十多篇演說詞都可以看作羅馬演說詞的精品，他的演說詞和書信在羅馬帝國初期被人們編成各種集子，當作範文誦讀。除了參與大量的演講實踐，西塞羅還是一位修辭理論家，留下的修辭學著作多達十部。西塞羅的修辭學著作不僅為我們提供大量希臘、羅馬修辭學發展的史料，還為我們留下了羅馬修辭學的理論體系，以及有系統的修辭學技藝手冊。中文全集預計分為六卷：第一卷，《西塞羅的修辭學》；第二卷，《西塞羅演講集》（上）；第三卷，《西塞羅演講集》（下）；第四卷，《西塞羅哲學著作》；第五卷，《西塞羅書信集》（上）；第六卷，《西塞羅書信集》（下）[25]。

西塞羅教導我們：真正的法律乃是一種與自然相符合的正當理性，它具有普遍的適用性並且是不變與永恆的。羅馬的法律和雅典的法律並不會不同，今天的法律和明天的法律也不會不同，這是因為有的只是一種不變的法律，任何時候、任何民族都必須

---

25 西塞羅著，王曉朝譯（2005）。西塞羅全集（卷一）：修辭學Cicero。

遵守它；再者，人類也只有一個共同的主人和統治者。這就是上帝，因為祂是這一法律的制定者、頒布者和執行者[26]。

西塞羅及其學說成為當時羅馬社會的流行話語，此影響了羅馬法學家。在西元六世紀的《法學階梯》中我們可以直接目睹自然法被這些法學家嵌入羅馬法中的效果。在《法學階梯》第一、二卷裡，羅馬法被明確地區分為三部分：自然法、萬民法和市民法。自然法被界定為：自然法是自然界交給一切動物的法律。因為這種法律不是人類所特有，而是一切動物都具有的，不論是天空、地上或海裡的動物。由自然法產生了男女的結合，我們把它叫作婚姻：從而有子女的繁殖及其教養。的確我們看到，除了人以外，其他一切動物都同樣知道這種法則[27]。

西塞羅的哲學著作主要有《論善與惡的定義》、《論神的本性》等。西塞羅主張順乎自然，要人們服從自然所安排的命運。西塞羅在哲學上的最大貢獻在於：他以生動的語言將希臘的哲學思想通俗化，便利了羅馬人對希臘思想的了解，而且促進了羅馬自身哲學的發展[28]。

---

26 博登海默著。鄧正來譯（1990）。法理學：法律哲學和法律方法。北京：政法大學。頁14。

27 張企泰譯（1990）。法學階梯。台北：商務。頁6。

28 http://zhjyx.hfjy.neet.cn/Resource/Book/Edu/JXCKS/TS010022/0037_ts010022.htm

貳、坤體良 [29]

一、時代背景

羅馬早期教育史料，為數甚少，多半以坤體良的著作為根據，特別是坤體良所寫的《演講士學校》。由於該書內容詳細，教學步驟細膩，堪稱為研究羅馬早期共和政治時期，不可缺少的教育史料之一；從該書中，可以窺知羅馬共和時代，演講士培養的各種方法、課程，以及坤氏個人的教育思想。

羅馬時代的坤體良，與希臘時代的蘇格拉底、柏拉圖及亞里斯多德，有著一項基本的不同。坤體良不認為人的道德行為，能從沉思與默想中得來，因為，人的道德行為，必須從道德行為的實踐中，慢慢的培養起來，這代表著羅馬人著重的是實事求是的精神，與希臘三哲之偏重理論之建構，顯然是有差別的。

要是說希臘時代的高深學術研究，偏重了哲學之探討。那麼，羅馬時代的學術，就是側重修辭學與演講術之鑽研了。不過，坤體良所處的時代，雖然顯示了演講術與修辭學漸漸凋零，坤體良的教育實施與思想，還是著重在演講士的培養；修辭學只是它的課程之一。這對於十四世紀歐洲文藝復興時期的人文主義教育家，有著深遠的影響。

---

29 本文係由溫怡婷整理而成。

二、生平

　　坤體良生於西班牙，父親是修辭學教師，坤體良在這種書香世家的薰陶下，漸漸習染羅馬的雄辯教育氣息。早期受羅馬教育，後返回桑梓繼承父業。西元六八年，以三十三歲的年輕才俊，榮獲羅馬皇帝親授之第一位國家修辭學講座席位，該講座的酬勞頗高，是帝國之內教育及學術界聲望最隆之人。一邊執政，一邊還參與公共事務的決策，歷經三朝帝王，因為他把理論與實務相互搭配，並親自坐鎮於法庭中當辯護律師（為猶太女皇Bere-nice 之案件而出庭），名重一時。當時一般教師地位及收入甚為卑微，唯獨坤體良例外。

　　但坤體良並不戀棧高官厚爵，在地位如日中天時，卻選擇急流勇退，此舉令時人倍覺懷念。西元九〇年，他毅然決然地退休而從事寫作，終於完成十二本的《雄辯教育》。他還以餘暇教導皇室之子姪，一生享盡榮華富貴。

　　坤體良的《雄辯教育》，是西洋史上第一本完全討論教育的著作。在他之前，辯士的作品只是稍提教育問題而已，即使柏拉圖及亞里斯多德的《共和國》、《法律》、《政治學》及《倫理學》，也只部分涉及課程、教學及教育目的。唯有坤體良的《雄辯教育》比較具體又詳盡地探索教育的實際問題，在眾說紛紜中，他的觀念有許多獨到之處，值得我們關注。

三、哲學思想

坤體良在哲學思想方面提出較少的主張，因為他認為雄辯家的價值高過於哲學家，因為哲學家只在私底下討論正義、真理或公平，而雄辯家則論辯這些題目在大庭廣眾之前。他重述西塞羅的主張，認為哲學應分為三部分：自然哲學、道德哲學及辯證。他也認為完善的哲學家應具備充足的知識和善良的心性。

四、教育思想

坤體良是羅馬帝國時代的一位修辭學大家，他的教育思想，延續了從蓋圖、西塞羅而來的羅馬教育主張。即教育的目的在於培養一位良善並且兼具「口才」與「知識」的演講士。雖然他繼承了西塞羅大部分的理念，例如：要廣泛地學習知識、修辭與哲學的統合等；他更提出了不少實際教學上的教育見解。

在教育的理念上，他認為教育必須配合學生稟賦，應該注重學生的能力、差異、特質，加以引導發展。在學習方面，他希望一方面將教學活動跟趣味結合，一方面利用獎賞、鼓勵讓學生感受成就感，以誘導學生做進一步的學習。基於要培養學生「學習動機」這個想法，他反對傳統羅馬教育最常用的體罰，他認為可以用「相互競爭」的方式來取代。公共場所中孩子可以互相競爭，而公共場所也是一位「演講士」所須熟悉的環境，因此他特別注重學校教育。他認為孩童應該盡早接受學校教育，因為年幼時記憶力較好，而學童品德的培養也應該自年幼開始。在教師的

特質方面，他認為教師應嚴但不厲、和藹但不隨便、隨時進修不自滿。

　　坤體良所提出的教育見解可以說是非常符合教育的真諦，有些理念在今日仍是教學上的重要準則。在一千八百多年前就已經提出的教育理念，至今卻還無法普遍施行，教育工作者了解教育的理念，但往往受限於現實因素的考量，能夠貫徹理念加以發揮的人實在不多，這也是現今教育需要改進的地方。

(一) 論教育的目的與作用

1. 教育的目的是在培養具有崇高品德又精於雄辯的人。
2. 雄辯家應該接受基礎知識的教育，在雄辯術、倫理學、哲學等方面具有廣博精深的修養。
3. 只有人的天賦（原料）與教育結合，才能培養出理想的雄辯家。大多數人生來都是可以被教育的。
4. 人之異於禽獸者有二，一是理性（reason），一是流利口才（eloquence）（說話流暢）。

(二) 教學方法

　　坤體良認為很多教師都不思考如何改善自己的教學方法，只是懶惰地沿襲舊章，要求學生做生吞活剝的死記，逼使學童視讀書為畏途。坤體良首先要教師注意：「學習要出之於學童的善意自願，這種特質不能由強迫得來。」所以他極力反對體罰，對於教學方法提出以下見解：

1. 鼓勵與競爭

鼓勵與競爭是學習的最大動機。坤體良說他的老師使用過一種方法，讓說話流暢者坐在前排。名列前茅，那是眾人嚮往的榮譽。座位應不固定，一個月調整一次，使大家都不敢掉以輕心，必須隨時警惕自己，以免被他人迎頭趕上。因為學生在學校就讀，同學之間的模仿自是平常之事。教師鼓勵學生「見賢思齊」，而人往高處爬也是天性。

2. 禁止體罰

體罰是負面的，獎勵與競爭則具積極性。坤體良認為體罰令人噁心，頂多只能對奴隸行之，自由民不該受此種侮辱，因為有傷人格尊嚴。其次，體罰不只未能根除惡源，還帶來仇恨，被罰者深覺丟臉，生活失去樂趣；而且大人向小孩施暴，不只以大欺小，嫩弱的心靈遭此摧殘，則因此種下了報復或凶殘的心性。此外，小時學的科目較容易，都要被挨打了，則大了以後學習更複雜與困難的學科時，是否變本加厲地大打一番呢？何況如果教師沉不住氣，「濫用體罰權」極有可能造成身心的傷害。

3. 認識個別差異的事實

教師應了解兒童的學習能力，不可用大人的標準去衡量學童學習的成效。在體能上，有的擅長於跑跳，有些學童則在摔角上表現出色。在心智上，喜愛歷史的人不一定有興趣研究法律或詩

詞。在態度上，有些學生非予以督促則舉步不前；有些則易陷入分心，不一而足。因材施教，並依差異而調整，正是成功教學的重要準則。

4. 數種學科可同時進行教學

坤體良贊成學生可以同時學習多種學科，不會增加學生負擔，更不必操心會造成科目混亂的結局。他相信心靈能力的容忍量極富彈性，同時進行各種身心活動並不礙事，還有整體感。他還建議各種學科或活動可以分段實施，由於學習活動轉換，對心智而言都具有清爽與復原功能，不感疲倦。如寫字之後讀書，或讀書變換科目，就可以消除單調的困境。

5. 教師應具備相當的條件

坤體良認為教師應嚴而不厲，和藹而不隨便，要靈活運用教學法，不要過於枯燥。因為「枯燥的教師對學生，比乾枯的土壤對幼苗之危害尤烈。教師要聰慧且『隨時進修』，自以為知而其實無知的教師，是最可恥之人」。

(三) 培養雄辯家的教育

坤體良認為教育的目的即是在培養雄辯家，雄辯家「不但在口才上有傑出天分，同時還得在品德上表現優越。」從幼兒學語開始，分四階段培養之：

1. 家庭教育

(1)重視幼兒教育，認為幼兒記憶力最強。

(2)父母、褓母與家庭教師都是幼兒的教師。褓母必須是一個
具良好品德和說話精確的人。

(3)幼兒應先學希臘語，之後再學拉丁語。然後並進。因拉丁
文是通用語，即便不先學，幼兒也仍會掌握。

(4)考慮幼兒的興趣，使學習變成一種娛樂。

2. 初級學校

(1)反對貴族請家庭教師到家中教育子女的傳統，認為這種私
人教育會造成兒童冷淡、自誇、羞怯的個性，且交友少。
學校較有競爭性，且能在公眾面前演說。

(2)在初級學校中，兒童主要學習閱讀與書寫。教師要注意使
兒童以更旺盛的精力和更清晰的頭腦進行學習。並不要讓
兒童過分炫耀自己。

(3)此階段的兒童尚幼小，沒有根基深厚而牢固的內在力量，
就像撒在土地表面剛萌芽的種子。教師應培養兒童無私和
自制的品質。

3. 文法學校——中等教育

(1)應設置廣泛的學科：文法、修辭、音樂、幾何、天文、希
臘文、拉丁文、哲學（物理學、倫理學和辯證法）。其中

特別重視文法。

⑵只有掌握廣博知識基礎的人，才會成為優秀的雄辯家。

4. 雄辯術學校──高等教育

⑴學習一些與雄辯術有關的精深課程，辯證法（邏輯）、倫理學、物理學等。

⑵雄辯家基本能力訓練包括說話的能力、演講和辯論能力的訓練。

⑶著重兩個環節：下功夫寫好演講稿；進行演說練習。應走向社會，走向法庭。

五、對後世的影響

㈠文藝復興時代，義大利人文維多利諾（Vittorino da Feltre）以坤體良的教育見解實際進行於宮廷學校（palace school）中，稱該校為「快樂之屋」（house of joy）。

㈡後世眾多學者皆對坤氏之理論推崇備至，如：米爾頓、華茨華斯、布朗寧等。

㈢其著作使後人了解古希臘羅馬英雄的偉大事蹟及行止，且係倫理學及歷史科的良好教材。

㈣坤體良將語言表達的重要性提升到頂點，這種人文傳統會使人只知表面古代文明精神，但其對教學問題比前人更有研究，特別對教法有傑出的了解，並對兒童個性有所研究，主張去除體罰，在教育史上占有一席之地。

㈤馬丁路德認為「坤體良是以理論和實踐巧妙結合而進行教育的」。

㈥英國功利主義大家米勒（J. S. Mill）認為「他的著作是整個文化教育領域中，古代思想的百科全書」。

六、評論

坤體良的作品，由於包羅萬象，但是卻以人文教育為重心，在教育方面貢獻頗大，是最有學問的思想家，故有「羅馬的孔子」之稱，因此在十五世紀，當西方又重新發現其久失的作品時，遂在「人文主義」的浪潮下，扮演舉足輕重的角色。

參考書目

一、中文部分

1. 王連生（1990）。新西洋教育史。台北：南宏。
2. 巴特斯著，徐宗林譯（1982）。西洋教育史。台北：黎明。
3. 北京大學哲學系編（1981）。西方哲學名著選讀（上卷）。北京：商務印書館。
4. 西塞羅。法律篇。
5. 西塞羅。圖斯庫蘭討論集。
6. 西塞羅。學園派哲學。
7. 西塞羅。國家篇。

8. 西塞羅著，石敏敏譯（2001）。論神性。香港：漢語基督教文化研究所。

9. 西塞羅著，王曉朝譯（2005）。西塞羅全集（卷一）：修辭學。台北：左岸。

10. 林玉体（1990）。西洋教育史。台北：師大書苑。

11. 林玉体（2002）。西洋教育思想史。台北：師大書苑。

12. 邱言曦譯（1978）。西塞羅三論：老年、友誼、責任。台北：黎明。

13. 孟祿編（1928）。希臘羅馬時期教育史料。英文版。

14. 苗力田主編（1989）。古希臘哲學。北京：中國人民大學出版社。

15. 柏拉圖（1986）。理想國。北京：商務印書館。

16. 柯達斯柯著，徐宗林譯（1975）。西洋教育簡史。台北：文景。

17. 徐宗林（1975）。西洋教育思想史。台北：文景。

18. 徐宗林（1991）。西洋教育史。台北：五南。

19. 張正修（2005）。西洋哲學史（一）古代希臘與中世紀哲學。台北：台灣教授協會。

20. 張企泰譯（1999）。法學階梯。台北：商務。

21. 張斌賢等著（1994）。西方教育思想史。成都：四川教育出版社。

22. 博伊德‧埃德蒙‧金（1991）。西洋教育史（譯）。台北：五南。

23. 博登海默著，鄧正來譯（1999）。法理學：法律哲學和法律方法。北京：政法大學。

24. 楊亮功譯（1995）。西洋教育史。台北：協志工業。

25. 趙祥麟主編（1992）。外國教育家評傳。上海：上海教育出版社。

26. 劉博驥（1994）。西洋教育史。台北：中華。

27. 羅素著（1982）。西方哲學史（上）。台北：五南。

二、英文部分

1. Boyd, Willaim & King Edmund J. (1970). *The History of Western Education.* New York: The Macmillan C.

2. Butts, R. Freeman (1947). *A Culture History of Education.* New York: Mcgraw-Hill Inc.

3. Cubberley, Elloword P. (1920). *The History of Education.* Boston: Houghton Miffilin.

4. Edward J. Power (1962). *Main Cwvents in the History of Education.* New York, USA: McGraw-Hill Book Company.

5. Harry G. Good & James D. Teller (1960). *A History of Western Education.* London, UK: The Macmillan Company.

6. James Bowen (1972). *A History of Western Education*, Volume Ⅰ,Ⅱ,Ⅲ. London, UK: Methuen & Co. Ltd.

參考網址

1.　http://104.122.68.199/~spppam/txt/education/ph/ph9.hm
2.　http://student.ed.ntnu.edu.tw/~manboy/illich.doc
3.　http://www.exam-point.com.tw/htm/EDU/0004/f/03.pdf

第三章

基督教的興起與發展

基督教的興起

舊約的出埃及記所記載，西元前一五二○年之前，以色列的子孫，因不堪埃及人的虐待，便在摩西率領下，逃離埃及，到他們老祖宗所住過的迦南，方才定居下來，之後漸漸從游牧民族變成農業民族。以色列人即我們通稱的希伯來人，又名猶太人。

基督教起源於猶太教，正如同佛教起源於印度教。以色列人雖不曾建立偉大的國家，但創立一種很好的宗教，世稱猶太教，講道德，服從上帝，主張有來生。他們尊奉上帝，培養仁慈、服從之德性，將婦女地位提高，看重兒童生命。摩西訂十誡，做成全民族的法律。這種法律書，在他們放逐時代，恰成大家結合的一種聯繫。

為了解羅馬帝國至今的西洋歷史，尤其是中古的一段，我們必須先明白耶穌基督在人世的經過。

耶穌，被他的信徒稱為基督，「基督」一詞，是教主。根據馬太福音記載，耶穌誕生於伯利恆，父親約瑟為一木匠，母親是瑪利亞，家中兄弟眾多。大約三十歲時，在約旦河接受「施浸者」約翰的浸禮。約翰在洗罪禮中，譴責偽善和放蕩的生活，警告罪人為最後的審判做準備，聲稱天國已近。耶穌的受洗，證明他接受約翰的教義。

一般來說，耶穌的宗教意識非常強烈，因此嚴厲譴責那些和

他觀點不同的人。他能寬恕任何過錯，但絕不原諒不信之罪。他具有希伯來先知的苦行熱忱，而無希臘哲學家的寬宏鎮靜。耶穌的缺點，就是不惜代價堅守自己的信仰；也因此，他才能夠感動整個世界的信徒。

耶穌不主張禁慾主義，雖然痛恨肉體的情慾，但不反對純潔之愉快生活。他寄望窮人和謙卑的人，在未來的天國裡，列於至高地位。耶穌明智過人，不過其意志力，並非依賴其學識，而是出於自己敏銳的頓悟、深切的感情。他並未自稱無所不知，對許多事情也覺得意外，他顯現的神蹟，可能出自思想之感應力，一種信心堅強的精神力量，對易受感動者所發生的影響。

耶穌傳道時，為了適應群眾的需要，採用簡明的話語，及有趣的故事，讓人能夠逐漸領悟其教義。促使其面臨死刑噩運的，是他不斷深信，他就是彌賽亞（Messiah）。起初，他的門徒只以為他是約翰的繼承人；漸漸地他們才相信，耶穌就是等待已久的救世主，要把以色列人從羅馬帝國的束縛中解救出來，而在地上建立神的帝國。

勢力強大的猶太人憎恨耶穌的教義，住在當地的羅馬官吏也敵視他，對當權人而言，耶穌可能在宣傳社會革命；在傳統猶太人眼中，很明顯他是危險的反叛者。猶太人和羅馬官吏認為這群聚集在耶路撒冷的衝動愛國分子，很可能冷不防地點燃一次革命的叛亂，來推翻羅馬之政治，自己組織政府。因此決定下令逮捕耶穌，並於西元三九年在耶路撒冷將他釘於十字架上。

壹、基督教的教義

一、創立三位一體說

父、子、靈三位為一個神。我和父為一體，我要求父，父就另外賜你們一個護衛者，叫他永遠與你們同在，他是真理的聖靈。

二、金科玉律

你要人怎樣待你，你就要怎麼待人。並須「愛人如己」。

三、以德報怨，愛仇人

「你們一定聽說過：『以眼還眼，以牙換牙。』我卻跟你們說：不要抵抗惡行；且若有人掌擊你的右頰，你把另一面也轉給他。那願與你爭訟，拿你內衣的，你連外衣也給他。」「你們一定聽說過：『你應愛你的親人，恨你的仇人』我卻對你們說：你們當愛你們的仇人，當為迫害你們的人祈禱，好使你們成為你們在天之父的子女。」

四、克制自己

耶穌對自己的門徒說：「誰若願意跟隨我，該棄絕自己，背著十字架跟隨我……人縱然賺得全世界，卻賠了自己的靈魂，對

他有什麼益處？」

五、痛恨偽善和傲慢

以七個「禍哉」，指責經師和法利賽人的通病，咒罵他們為「雪白的墳墓」。

六、反對以儀式作為宗教的要素

「時候將到，如今就是了，那真正拜上帝的，要用心靈和誠實拜他，因上帝要這樣的人拜祂，上帝是神，所以拜祂的，必須用心靈和誠實拜祂。」

七、世界末日論

「那些日子的災難一過，立時太陽就要昏暗，月亮也不發光，星辰要從天上墜下，天上的萬象也要動搖，那時人子的記號要出現天上；地上所有的種族，都要哀號，要看見人子帶著威能和大光榮乘天上的雲彩降來。他要派遣他的天使，用發光的、洪聲的號角，由四方，從天這邊到天那邊，聚集他的選民。」

八、肉體復活

耶穌答覆薩杜塞人的問題說：「人從死者中復活後，也不娶，也不嫁，乃像天上天使一樣。」

九、天國的開拓與完成

始於現世，成於來生，耶穌說：「天國的來臨，並非顯然可見的，因為天國就在你們中間。」又說：「由洗者約翰的日子直到如今，天國是以猛力奪取。以猛力奪取的人，就能得到它。」

十、原罪論

因人類遠祖亞當和夏娃，違反耶和華上帝的禁令，吃了伊甸園中的禁果，凡他們的子子孫孫，生下即為罪人的子女，喪失進入天國的資格，故須一位救世主來救贖人類不可。基督教深信耶穌基督是人類的救世主。用他被釘在十字架流血祭祀完成了救世的偉大使命，成為上帝與人類間的中保。

貳、基督教的經典

《聖經》有舊約、新約兩部，記載神同猶太人和全人類先後所訂的盟約。「舊約」，在基督以前所寫，計四十六卷；「新約」，基督以後才寫，計二十七卷。合計七十三卷。

《聖經》所用的文字：「新約」以希臘文所寫，其最重要的部分，為四部福音，福音記載基督言行：第一部為馬可福音，短而生動；第二部為路加福音，記載最長，記敘基督所講美麗的比喻最多；第三部為馬太福音，為門徒馬太用阿蘭文為猶太籍的教友所寫，原文已失，他記述基督的道理最詳，其中「山中寶

訓」，為基督徒重要的生活規律；第四部為約翰福音，為基督最鍾愛的門徒約翰所撰，內容非常深奧，呈現極濃的希臘哲學風味。

基督教的發展

壹、羅馬帝國的情勢

一、外部而言

羅馬帝國到西元三世紀時衰微的情勢，已一天比一天顯著。日耳曼部族入寇的危險，一直不曾有確實的解決。莊嚴燦爛的羅馬城，約八百年之久，都未曾有過外人問鼎、受到外人蹂躪。乃在西元四一○年，遭到北方野蠻的民族，大肆焚掠與毀壞。

二、內部而言

帝國腐敗的情形，也來得很早。西元後第一、二世紀，號稱帝國隆盛的時候，人民約在一萬萬到一萬萬五千萬之間，生活已是充滿著愁苦和煩悶。社會風俗和道德，愈趨下滑。富人蓄奴，貴族驕奢，人民好鬥，生活頹廢沉淪。原有的宗教，偏向功利的性質，無涉道德的修養。原有的哲學，又只契合極少數人的理

智，而不契合大多數人的心情。羅馬人已到十分迷惘的境地。

　　基督教此時之西傳應是時候。蠻族需要它的感化，垂死的羅馬人需要它的慰藉，文化需要它的保存。基督教之西傳，本是極其自然。但初傳到羅馬的時候，對於羅馬的習俗，顯示出格格不入的情形。

貳、羅馬與基督教之不同

一、羅馬人看重羅馬；基督徒看重天國。

二、羅馬人拜皇帝；基督徒拜上帝。

三、羅馬人以物慾為快樂；基督徒以物慾為苦痛。

四、羅馬人家庭生活敗壞；基督徒家庭生活健全完滿。

五、羅馬人認為不恤嬰孩，乃是權利；基督徒認為不恤嬰孩，乃是罪惡。

六、羅馬人習於殘酷，踐虐蓄奴，極有階級成見；基督徒施行博愛，人人平等，全屬上帝的子民。

七、羅馬傳統宗教反對婦女與奴隸入教；基督徒不反對婦女與奴隸入教。

八、羅馬對其他宗教寬容性大，屬於多神教；基督教卻是一神教，排斥其他宗教。

　　凡此種種，顯示基督教徒傳教之初，不易為羅馬人所接受。這時基督教不只無法發展，並且信奉基督教的教徒，還要受到種種迫害。

參、基督教所受之迫害

相傳在尼祿皇帝時，羅馬城中發生大火，災後由於遭殃的百姓怨聲載道，且有暴動的可能，尼祿皇帝指稱是基督徒所為，把羅馬大火的責任推到基督徒身上。於是首次大逼迫於焉開始：無數的基督徒，不分男女老幼被送入鬥獸場，以供野獸吞食。有的被焚而死，不計其數；使徒彼得與保羅就在此期間殉難。

自尼祿皇帝後，羅馬政府屢有迫害基督徒的事情發生。

逼迫之主因：

一、基督教是一神信仰，不崇拜世俗偶像，也就不進行皇帝
　　崇拜。

二、教義和倫理與當時一般人的思想不同。如：一夫一妻
　　制、不准離婚、少女守貞等。

三、因常受迫害，再加上最初教徒多為奴隸或勞動階級，白
　　日無暇參與宗教儀式，故一切宗教儀式只有在夜間偷偷
　　摸摸中進行。儀式神祕，外人無從知曉，就容易被認為
　　是反叛的政治組織。

肆、基督教最後之勝利

一、種種迫害，非但不能消滅基督徒的信仰，反而養成基督
　　徒堅苦忍耐的氣質。

二、基督徒以其所負上帝的使命，改善人類生活的使命。

三、以未來生活的需要，慰藉生活困苦的人類。

四、發生許多英勇事蹟，以無畏的勇氣和不屈的志向，留給
　　羅馬人深刻印象，進而感動他們。

五、基督教教會組織和教義簡單而易懂。

六、藉著羅馬帝國政治統一而安定、交通發達、貨幣畫一、
　　旅行自由，有助於基督教傳道。

七、羅馬帝國通用希臘語、拉丁語，有助於基督教傳道。

八、猶太人散居帝國各處，成為一種助力，予基督徒傳教方
　　便，其一神論普遍為世人所熟悉。

伍、基督教之傳播

　　基督教的挑戰，是如此的直接而激烈，以致這種方式並不能
長期繼續維持。在第一世紀，基督教是不受人注意的，第二世
紀，有些地方對基督教加以懲治，到了第三世紀由於國家災難頻
仍，以及有一些人要求把從前的國教，恢復至原有地位的緣故，
帝王們乃漸漸地對基督教做有計畫的迫害，但是為時已晚，殉道
者的鮮血已替基督教撒遍了興盛的種子。西元三〇三年戴克里先
大帝（Emperor Diocletion）最後一次大規模的迫害也徹底地以失
敗而告終結。西元三一一年葛那若斯大帝（Emperor Galerius）宣
布：基督教與其他各種崇拜一律平等。西元三一三年君士坦丁大
帝把基督教訂為國教，並命令所有人均得以自由禮拜。君士坦丁

和以後的帝王們，漸漸地把許多重要的特權和豁免權，賦予基督教的傳教士，這些特權和豁免權，與以前帝國中修辭教師所享受者類似。依例而行，以後賦予基督教特權，乃變成了一種政策。西元三九一年狄奧多西大帝更下令禁止所有非基督教的崇拜，如此基督教乃完全地勝利。自其創始者降生不到四個世紀，基督教的信仰，在整個的帝國內贏得了全面地勝利。西元五二九年，查士丁尼大帝下令封閉所有的非基督教學校，基督教勝利後，依然為異教思想中心的雅典大學，也都關門。

陸、保羅之簡介

　　基督教神學創始人。是一位從來未見過耶穌而改變信仰的使徒，有「外邦人的使徒」之稱。他成功地將基督教從猶太教裡轉變為世界性的宗教，不只勸猶太人信教，並勸非猶太人受洗改宗，且說要成為基督徒並不一定要遵循摩西的訓誡，如此，使基督教終於脫離猶太教。

　　保羅宣布入教時，不須行割禮。要求教徒不要過分放縱，服從教會紀律，過一種平靜、忠實而穩定的基督教生活。保羅後來被尼祿皇帝處死。

柒、結語

　　基督教初期，本極微不足道，首先不過僅為加黎利的漁夫和

稅吏等小民所信仰、所傳講。傳布之後，先遭受猶太人的壓迫，繼之以羅馬的迫害。而經過刻苦、容忍，以迄於承認，最後乃躋於最高宗教的地位。

四千年來，基督教為西方政治、經濟、社會、教育，以及神學最重要的力量。正如耶穌自己所喻：「天國像是一粒芥菜種，人們將其撒在他的田裡，那本是世界較小的種子，只是當其生長的時候，便略大於一些別的菜，之後成為了樹，所以大的飛鳥來棲息在它的枝間。」人類思想和宗教的力量，其發展過程大都是這樣的。

中古世紀之開展

基督教融合了猶太人的一神思想，從狹窄的部落範圍中解放出來。由於基督教傳布下列各種理想：「上帝的父愛」、「神愛世人」、「上帝之前人人平等」、「兩性平等」、「天父眼前每個人皆為神聖不可侵犯」。因而，一個嶄新的個人主義觀念，被昭告世界；也公布了一項嶄新的倫理法典。每個人應使其生活符合於此種基督教的理念，乃成了不移之論。

上述各種新觀念，把一種新興的希望和新的力量，注入到古老的社會中，此種希望和活力，不僅對於搖搖欲墜的文明，及迫在眉睫的蠻族入侵有重要關係，對以後各世紀也有著非常重要的影響。徐徐發展的基督教組織，不時地吸收了各種政府的型態，

在漫長的黑暗時代（即中古時代），實際上自成一種精神上的邦國。

　　羅馬對於基督教政府型態的教會組織系統，所發生的影響是很巨大的，羅馬政府的組織系統，被基督教加以翻版，城市的主教（Bishop of city）相當於羅馬的市政長官，一個地區的主教（Archbishop of territory）相當於行省的總督，教主（Patriarch）則相當於東西兩帝國的統治者。因為羅馬是一種宇宙性的帝國，羅馬城又是帝國的首府，那麼宇宙教會的觀念油然發生，羅馬大教主（Bishop of Rome）的至高無上地位，也漸漸地予以承認，予以確定。

　　在西方，就這樣發生了國內之國（a state within state），羅馬帝國之內有帝王、省有總督、市有市長，他們由元老院及帝王當局取得統馭人民之權。但在帝國之內，又發展了另一國度，他們接受了基督教的信仰，經由教士、長老、主教、大教主而向宗教領袖盡忠，宗教領袖卻不向人世間的統治者盡忠，自政治觀點看來，基督教是羅馬衰弱的重要因素，加速於羅馬的覆亡，是毫無疑問的，在帝國的東部，教會常與國家相提並論。在文化方面，卻是相當幸運的，在羅馬帝國衰亡，蠻族蜂擁入侵之前，教會已成功地統一了信仰，而教會的政治組織也已受到重視，並且強化了威權，很快地取代了國家的權力。

　　中世紀開始之前，古代世界替西方文明的奠基工作做了三樣偉大的貢獻：第一，希臘給世界帶來了藝術、哲學，令人醉心的文學以及美學，把這些高度的知識以及倫理觀念遺留給世界文

明；並且發展了一項成果驚人的教育制度──由於其高度的發達，從而影響了整個地中海區，並深刻地改變了後來的一切思想。第二，羅馬人在古代有組織、政治和法律的天才，與希臘在文學、哲學上的天才可以相互媲美。羅馬人傳給我們法律、秩序、政府理想等。第三，希伯來人傳給我們上帝崇高的觀念、宗教信仰、道德責任。至於基督教會，更把這些觀念傳遍到羅馬帝國所有的地方，甚至傳播到蠻族世界。

參考書目

一、中文部分

1. 巴特斯著，徐宗林譯（1982）。西洋教育史。台北：黎明。
2. 柯達斯柯著，徐宗林譯（1975）。西洋教育簡史。台北：文景。
3. 徐宗林（1975）。西洋教育思想史。台北：文景。
4. 徐宗林（1991）。西洋教育史。台北：五南。
5. 博伊德・埃德蒙・金（1990）。西洋教育史。台北：五南。
6. 楊亮功譯（1965）。西洋教育史。台北：協志工業。
7. 劉博驥（1964）。西洋教育史。台北：中華。

二、英文部分

1. Binder, Frederick. M. (1933). *Eduation in the History of Western*

Civilization. New York: Randon House Inc.

2. Boyd, William, & King Edmund J. (1970). *The History of Western Education*. New York: The Macmillan C.

3. Butts, R. Freeman (1973). *The Education of the West*. New York: Mcgraw-Hill Inc.

4. Castle, E. B. (1965). *Ancient and Today*. Baltimore: Penguin.

5. Castle, E. B. (1965). *Educating the Good Man*. Moral Education in Christian Time. Baltimore: Penguin.

6. Cole, Luella (1957). *A History of Education*. New York: Columbia Univ. Press.

7. Cubberley, Ellowrd P. (1920). *The History of Education*. Boston: Houghton Mifflin.

8. Edward J. Power (1962). *Main Cwvents in the History of Education*. New York, USA: McGraw-Hill Book Company.

9. Good, H. G.(1947). *A History of Education*. New York: The Macmillan Co.

10. Graues, Frank Pierrepont (1970). *History of Education: During the Middle Ages and the Transition to Modern Time*. West Port: Green Wood Press, Publishers.

11. Harry G. Good & James D. Teller (1960). *A History of Western Education*. London, UK: The Macmillan Company.

12. James Bowen (1972). *A History of Western Education*, Volume Ⅰ,Ⅱ,Ⅲ. London, UK: Methuen & Co. Ltd.

13. Mayer, A. E.(1972). *An Education History of the Western World.* New York: Mcgraw-Hill Inc.

14. Maberly Walter (1944). *Plato's Conception of Education and Its Meaning Today.* New York: Oxford Univd, Press.

15. Mulhern, James (1959). *A History of Education.* New York: Ronald Press.

16. Payne, E. George, ed. (1950). *The Development of Modern Education.* New York: Prentice-Hall, Inc.

17. Pounds, Ralph L.(1968). *The Development of Education in Western Culture.* New York: Appleton-Century-Crofts.

18. Ulich, Robert. (1965). *Education in Western Culture.* New York: Harcourt, Brace.

19. Wise, John E. (1964). *The History of Education.* New York: Sheed & Ward.

國家圖書館出版品預行編目資料

西洋上古教育史／滕春興著.
-- 初版.--臺北市：心理, 2008.03
面；　公分.--（教育史哲；5）
含參考書目

ISBN 978-986-191-124-3（平裝）

1.教育史　2.西洋史　3.上古史

520.9401　　　　　　　　　　　　97002724

教育史哲 5　　　西洋上古教育史

作　　　者：滕春興

責任編輯：陳華雯

執行編輯：李　晶

總 編 輯：林敬堯

發 行 人：洪有義

出 版 者：心理出版社股份有限公司

社　　　址：台北市和平東路一段 180 號 7 樓

總　　　機：(02) 23671490　　傳　　真：(02) 23671457

郵　　　撥：19293172　心理出版社股份有限公司

電子信箱：psychoco@ms15.hinet.net

網　　　址：www.psy.com.tw

駐美代表：Lisa Wu　tel: 973 546-5845　fax: 973 546-7651

登 記 證：局版北市業字第 1372 號

電腦排版：龍虎電腦排版股份有限公司

印 刷 者：東縉彩色印刷有限公司

初版一刷：2008 年 3 月

定價：新台幣 180 元　　■有著作權·侵害必究■

ISBN 978-986-191-124-3

讀者意見回函卡

No. _____　　　　　　　　　　填寫日期：　年　月　日

感謝您購買本公司出版品。為提升我們的服務品質，請惠填以下資料寄回本社【或傳真(02)2367-1457】提供我們出書、修訂及辦活動之參考。您將不定期收到本公司最新出版及活動訊息。謝謝您！

姓名：_____　　性別：1□男　2□女

職業：1□教師 2□學生 3□上班族 4□家庭主婦 5□自由業 6□其他____

學歷：1□博士 2□碩士 3□大學 4□專科 5□高中 6□國中 7□國中以下

服務單位：_____　部門：_____　職稱：_____

服務地址：_____　電話：_____　傳真：_____

住家地址：_____　電話：_____　傳真：_____

電子郵件地址：_____

書名：_____

一、您認為本書的優點：（可複選）

　❶□內容 ❷□文筆 ❸□校對 ❹□編排 ❺□封面 ❻□其他____

二、您認為本書需再加強的地方：（可複選）

　❶□內容 ❷□文筆 ❸□校對 ❹□編排 ❺□封面 ❻□其他____

三、您購買本書的消息來源：（請單選）

　❶□本公司 ❷□逛書局⇨_____書局 ❸□老師或親友介紹

　❹□書展⇨____書展 ❺□心理心雜誌 ❻□書評 ❼其他_____

四、您希望我們舉辦何種活動：（可複選）

　❶□作者演講 ❷□研習會 ❸□研討會 ❹□書展 ❺□其他____

五、您購買本書的原因：（可複選）

　❶□對主題感興趣 ❷□上課教材⇨課程名稱_____

　❸□舉辦活動 ❹□其他_____　　　（請翻頁繼續）

廣 告 回 信
台 北 郵 局 登 記 證
台 北 廣 字 第 940 號

（免貼郵票）

心理出版社 股份有限公司

台北市 106 和平東路一段 180 號 7 樓

TEL: (02) 2367-1490
FAX: (02) 2367-1457
EMAIL:psychoco@ms15.hinet.net

沿線對折訂好後寄回

六、您希望我們多出版何種類型的書籍

　❶□心理　❷□輔導　❸□教育　❹□社工　❺□測驗　❻□其他

七、如果您是老師，是否有撰寫教科書的計劃：□有□無

　書名／課程：＿＿＿＿＿＿＿＿＿＿＿＿＿＿＿＿＿＿＿＿＿＿

八、您教授／修習的課程：

上學期：＿＿＿＿＿＿＿＿＿＿＿＿＿＿＿＿＿＿＿＿＿＿＿＿＿

下學期：＿＿＿＿＿＿＿＿＿＿＿＿＿＿＿＿＿＿＿＿＿＿＿＿＿

進修班：＿＿＿＿＿＿＿＿＿＿＿＿＿＿＿＿＿＿＿＿＿＿＿＿＿

暑　假：＿＿＿＿＿＿＿＿＿＿＿＿＿＿＿＿＿＿＿＿＿＿＿＿＿

寒　假：＿＿＿＿＿＿＿＿＿＿＿＿＿＿＿＿＿＿＿＿＿＿＿＿＿

學分班：＿＿＿＿＿＿＿＿＿＿＿＿＿＿＿＿＿＿＿＿＿＿＿＿＿

九、您的其他意見

＿＿＿＿＿＿＿＿＿＿＿＿＿＿＿＿＿＿＿＿＿＿＿＿＿＿＿＿＿＿

謝謝您的指教！　　　　　　　　　　　　　　41605